创业学营销

范例实战学软文营销

FANLI SHIZHANXUE
RUANWEN YINGXIAO

邱超群◉主编

化学工业出版社
·北京·

“创业学营销”系列图书主要通过理论知识与实际营销案例相结合的方式来讲解商品的营销艺术。《范例实战学软文营销》依据商业营销用软文的特点，阐述写好营销软文的各个关键点，对软文写作与营销各个方面的知识进行了全面细致的讲解。

全书共9章，包括软文标题、导语、正文和结尾写作方法的介绍，软文关键词的挖掘技巧，如何写微信和微博软文，百度、论坛及其他平台软文的写作介绍以及软文写作的提升和常用工具的使用介绍等。

本书适合于电子商务专员、广告策划人员、网站推广专员、站长、文案、个人微商、网店店主、微营销专员、希望进行低成本营销的创业者以及从事软文营销工作的相关人员和想要从事软文营销工作的大学生、文字工作者阅读，也可作为各大中专院校营销类教材。

图书在版编目（CIP）数据

范例实战学软文营销 / 邱超群主编 . —北京：化学工业出版社，2017. 12
（创业学营销）

ISBN 978-7-122-30829-0

Ⅰ . ①范… Ⅱ . ①邱… Ⅲ . ①网络营销 Ⅳ . ① F713. 365. 2

中国版本图书馆 CIP 数据核字（2017）第 257435 号

责任编辑：左晨燕　　装帧设计：刘丽华
责任校对：边　涛

出版发行：化学工业出版社（北京市东城区青年湖南街 13 号　邮政编码 100011）
印　　装：三河市延风印装有限公司
710mm×1000mm　1/16　印张 13¼　字数 158 千字　2018 年 3 月北京第 1 版第 1 次印刷

购书咨询：010-64518888（传真：010-64519686）　售后服务：010-64518899
网　　址：http://www.cip.com.cn
凡购买本书，如有缺损质量问题，本社销售中心负责调换。

定　　价：49.80 元

前言
FOREWORD

软文营销作为营销中的一员，其高效快速的传播效果和“润物细无声”的营销方式，赢得了越来越多的中小企业以及营销推广专员的青睐。

在如今变幻莫测和信息满天飞的大环境中，要想软文脱颖而出实现营销目的，不在软文的撰写上下一番工夫是不行的。软文不是广告但胜似广告，与广告相比它的成本更低，其营销方式也更容易被用户接受。

不管是刚接触软文这一营销工具的人，还是对软文有一定了解的人，在软文营销过程中可能都遇到过以下苦恼：

软文标题和正文要怎样写才好？

软文为什么没有阅读量和转载量？

为什么软文发布效果不佳？

为什么软文没有被搜索引擎收录？

别人软文都有好的排名，为什么我的没有？

为了帮助软文需求者解决上述苦恼，深入认识软文营销，提高自己的软文写作能力，我们编写了这本《范例实战学软文营销》。全书共9章，大致可以分为4个部分：

- 第一部分为本书的第1章，这部分将带领读者进入软文营销的世界，了解软文营销的优势、特点和作用，为后面具体讲解软文营销做好铺垫。
- 第二部分为本书的第2～第4章，这部分介绍了软文标题设计的方法，导语、正文、结尾的写作方法以及软文关键词的选取和确定，通过该部分内容的学习可以帮助读者学会如何撰写出一篇软文。
- 第三部分为本书的第5～第7章，这部分介绍了微博软文、微信软文、百度平台软文、论坛软文、电子邮件软文、QQ空间软文、博客软文、

前言
FOREWORD

网站软文、新闻型软文、用户型软文以及行业型软文的写作手法。微博、博客或论坛等平台都是进行软文营销最实用也是最常用的平台，掌握这些平台的软文撰写技巧，可以使读者在撰写此类软文时更加得心应手。

- 第四部分为本书的第8～第9章，这部分主要介绍了软文写作常见的疑问解答，如何提升软文和避免写作误区以及软文写作常用工具的介绍。这部分内容旨在帮助读者利用各种有效工具提高软文的撰写效率和质量。

为了避免过于理论化，本书运用了大量实际的软文案例，希望通过案例＋理论知识相结合的方法帮助读者快速学会如何撰写软文并提高软文写作技能，从而使软文营销效果更好。

本书适合电子商务专员、广告策划人员、网站推广专员、站长、文案、个人微商、网店店主、微营销专员、希望进行低成本营销的创业者以及从事软文营销工作的相关人员，同时也适合想要从事软文营销工作的大学生、文字工作者阅读。

本书由邱超群主编，其他参与本书创作与资料整理的人员有杨群、罗浩、林菊芳、蒋海、胡燕、林晓军、马英、马玉、邱银春、罗丹丹、帅芳、王真路、周磊、柴立权、蒋明熙、周琴、甘林圣、何超、丁颖等，在此对大家的辛勤工作表示衷心的感谢！

由于编者经验有限，加之时间仓促，书中难免会有疏漏和不足之处，恳请专家和读者不吝赐教。最后，希望所有读者能够从本书中获益，在软文营销实战中运用软文的力量。

编　者

2017年12月

目录
CONTENTS

第 1 章
不一样的“软”广告

目录
CONTENTS

第 2 章
向“标题党”学习吸睛方法

目录
CONTENTS

第3章
软文正文与结尾

目录
CONTENTS

第 4 章
给你的软文加个“亮点”

目录
CONTENTS

第 5 章

微博和微信软文如何写

目录
CONTENTS

第6章
百度、论坛及其他平台软文写作

目录
CONTENTS

第7章
常见类型软文写作手法

目录
CONTENTS

第8章
软文写作疑难解答与提升

目录
CONTENTS

第 9 章
软文写作的“利器”

第1章 不一样的“软”广告

在市场竞争日趋激烈的当代，产品、服务和营销推广都是公司和企业制胜的法宝。随着媒体的多样化发展，营销方式也产生了改变，由于软广告能让客户在不知不觉中接受广告内容，且可在短时间内提高关注度，因此成为了许多企业树立品牌的重要方式。

探索软文的世界

“今年过节不收礼，收礼只收脑白金”的广告词几乎没有几个人不知道，但大多数人可能不知道“脑白金”可是广告史上软文营销的鼻祖。

“脑白金”在最初进行广告宣传时是以《人类可以“长生不老”?》、《两颗生物原子弹》等软文在报纸、杂志上进行营销，在进行营销时“脑白金”未打出过任何硬性广告，且在当时的市场上也买不到“脑白金”这一产品。

当“脑白金”已引起消费者的好奇心时，“脑白金”才开始进行电视广告的宣传，随后“脑白金”的销量一路飙升。“脑白金”的成功引起了众多行业的效仿，它开创了软文营销的时代。

软文与硬文的区别

软文是与硬性广告相对应的一种宣传方式，目前软文营销已经成为了热门的营销方式。软文营销之所以受欢迎并不是没有理由的，它将广告宣传与文章内容有机结合起来，既让客户看到了想看的内容，又起到了广告宣传的作用。软文与硬文相比，两者有以下区别。

- **含义不同：**硬文体现在“硬”字上，而软文体现在“软”字上。硬文指直接的广告，例如户外广告、传单广告等；硬文对广告内容不会加以掩饰和隐藏。而软文则是绵里藏针，不露痕迹地进行广告营销。
- **效果不同：**硬文与软文相比更具有“杀伤力”。硬文好比是西药，见效快，但有一定的副作用；软文好比是中药，见效慢，但副作用小。软文营销并不能像硬文营销一样，在短期内进行快速广泛地传播，它只能渐进式地进行传播，但其渗透力强，商业味道不浓，更容易吸引客户，从而取得客户信任。

- **传播途径不同：**硬文的传播途径比软文更丰富。软文更多地在杂志、报纸、论坛及微博等平台进行广告宣传，而硬文则常在广告牌、宣传横幅、电视及传单上进行宣传。
- **费用支出不同：**硬性广告的费用支出比软文广告多，比如电视广告、户外广告等，收费通常都较高，普通的中小型公司可能无法支付昂贵的广告成本。相比之下，软文广告的成本低很多，在一些平台上还可以进行软文广告免费推广。

虽然软文和硬文有区别，但两者的目的是相同的，都是为了吸引客户的关注，提高公司的知名度和品牌价值。硬文和软文都有其自身的优势和不足，在进行营销宣传时两者实际上是相辅相成的，将两者结合起来，刚柔相济，能够发挥更大的作用。

软文的重要性

软文营销是营销方式中重要的组成部分之一，软文的发布能够使网站、网店或产品等得到客户的关注，从而挖掘出目标客户。软文推广是许多公司不可缺少的推广方式之一，它对公司的重要性主要有以下几点。

（1）重要的媒介

公司进行网站推广、论坛推广及博客推广等都离不开软文，它是这些推广方式的重要媒介；随着网络营销的发展，软文更是公司流量的主要来源。将软文发布在相关平台上，当潜在客户阅读到相关营销软文后，就可能记住该产品，从而进行产品咨询，实现成交。

一篇好的软文可以得到成千上万人的转载，这样就增加了软文的关注度，为公司网站带来更多的流量；随着营销软文地持续推广，公司也会逐渐树立起口碑和品牌，这样会进一步提高流量的转化率。由此可见，软文可以带来营销的连锁反应，打开公司的营销网络，带动整体销售。

（2）抢占搜索引擎排名

搜索引擎在进行抓取时更偏好高质量的文章。因此，在网上发布高质量的软文能让软文更快地被搜索引擎收录，提高网站权重，在软文中添加网站外链还能进一步提高网站的排名。

例如，在百度搜索引擎中搜索“家庭装修注意事项”内容，会得到如图1-1所示的搜索结果。

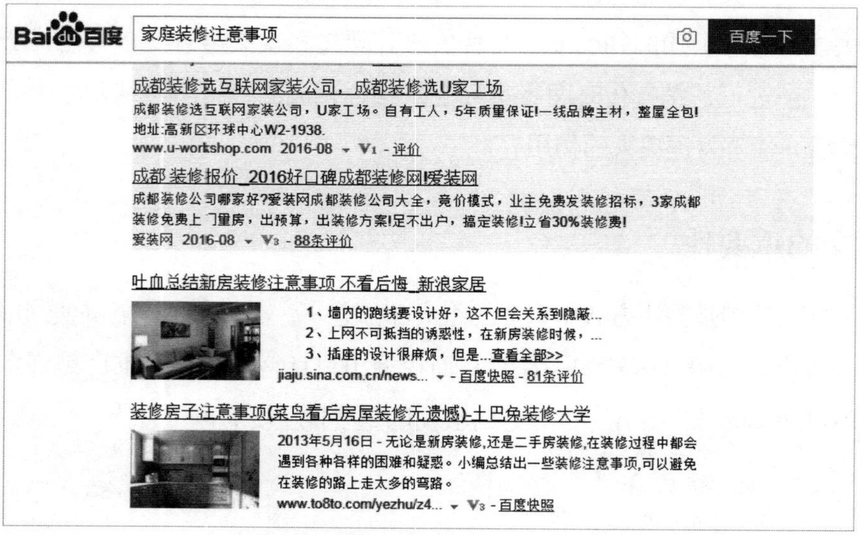

图 1-1　搜索关键词“家庭装修注意事项”的搜索结果

在上述的搜索结果中，可以看到关于家庭装修注意事项的相关文章，单击相关文章超链接后可进入网站，而这些网站大多都是与装修相关的网站，客户在进入相关网站后可以看到自己想要了解的信息。同时，在浏览文章时可能会被网站上的其他内容所吸引，进行二次浏览。

由此可见，网站通过发布软文不仅增加了网站的点击量，还实现了网站宣传的目的。

（3）节省营销宣传成本

软文营销成本低，对初创公司或中小企业来说，营销成本是他们不得不考虑的问题，然而公司想要发展，不进行营销宣传又是不行的，如何进行低成本营销便成为了摆在他们面前的重要问题。

软文营销的成本主要是人力，相比其他推广方式成本低很多。因此，对于中小型企业来说，软文营销是重要的营销方式。

软文的真正作用

软文可以说是一种“润物细无声”的广告，虽然它不是“赤裸裸”地进行产品宣传，但总的说来，它的广告性质并未发生改变。进行软文推广能够给企业带来以下价值。

- **提高知名度：**软文文章引起他人关注，并被他人转载，可以提高产品或公司的知名度，形成口碑效应。
- **传播价值观：**软文的内容很大程度上都带有作者的主观意识，文章中的观点或看法可以引起他人的共鸣。软文中的内容如果是积极的，那么可以展现公司良好的正面形象，软文在推广的过程中实际上就是营销了公司本身。
- **流量保证：**随着网络营销竞争的加剧，公司进行微信推广、APP 推广、网站推广以及网店推广等都需要抢占市场流量。在推广的初期发布软文，即使关注度不高，仍能起到潜在客户流量导入的作用。
- **拉近客户距离：**好的软文能够起到拉近客户距离的作用，它不是让客户被动地接受广告，反而让客户主动接受，在取得客户信任后再进行硬性广告宣传能够达到事半功倍的效果。
- **将客户变成粉丝：**公司在营销宣传的过程中，不仅需要吸引新客户，还需要维护老客户，而软文能让客户看到他想要了解的内容。因此，软文推广能吸引客户的持续关注，让新客户变成老客户，老客户变成忠实粉丝。例如，在微信公众号中只发布硬性广告，那么用户可能在第一次关注该公众号并持续几天后就取消关注，而只有发布一些对客户来说有用的文章才能让客户持续关注。

对于每一个公司来说，由于营销的目的不同，软文发挥的作用也会不同。总的来说，软文可以为公司产生无形价值，创造利润。

软文的重要载体

随着营销宣传渠道的多元化发展，软文的载体也变得更加多样化，主要包括以下几种载体。

（1）平面媒体

平面媒体是指期刊、报纸和杂志，平面媒体的受众有一定的针对性。因此，对软文的选题有一定的偏好，如图 1-2 所示为报纸媒体上的软文。

金罐加多宝携手奥运冠军开跑，助力中国健儿里约夺金

开启奥运营销季，金罐加多宝携
运冠军、3000余跑者“跑向里约”

7月27日下午，超3000人参加5
里跑活动，参赛者穿着奥运主题T
彡，为中国健儿送出祝福。1996年、
0年两届奥运会射击项目冠军杨
2008年北京奥运会体操项目双料
军何可欣也空降现场。她们表示，
中国添金”的跑步活动很鼓舞人
并借此活动祝福中国健儿多多添
金。庞振国透露，“3000人每人跑5公里，总计里程非常接近北京到里约的距离。”我们共同完成了去里约为中国健儿加油，为中国添金的心愿。”

聚焦熬夜观赛预防上火，加多宝玩转互联网+体育

炎炎夏日，饮料市场的行情随着气温一路飙升。一系列重磅体育赛事的集中亮相，更是为饮料市场打了一剂强心针。主打预防上火的凉茶饮品，受到体育迷的追捧亦在情理之中。今年欧洲杯、奥运会接踵而来，但需要熬夜观看比赛，金罐加多宝作为预防上火的正宗凉茶，恰好为大家提供熬夜不怕上火的后勤保障，因而深受喜欢。

而加多宝移动互联网+平台将联合跨界品牌，启动新一轮体育互动营销，为消费者提供丰富的观赛体验。7月27日起，登陆加多宝官方微信平台，参与互动游戏就有机会赢取金罐吊坠、乐
视超级电视、京东优惠券等奖品。此
加多宝携手虎扑跑步，开通线上跑
台，消费者可线上为中国健儿加油。

深耕体育营销，助力加多宝
年轻化、国际化战略再加速

国际奥委会副主席于再清表
在里约奥运会即将开幕之际，这
奥运跑步活动举办得恰逢其时，
常成功。前不久加多宝与北控集
成战略合作，宣布涉足文化体

图 1-2　报纸媒体上的软文

除报纸、杂志可作为软文的载体外，公司进行营销宣传，有时会通过印制画册、DM 单及企业内刊的方式，在这些载体中既有硬文也有软文。另外，户外广告中的硬文在符合广告设计的基础上，也会加入一些软文，这类软文的字数不多，但字字精炼。

（2）博客

博客是软文的重要载体，博客中的软文通常没有太多的限制，博主可以多角度地进行软文撰写，在博客中发布的软文大多比较轻松、自由。如图 1-3 所示为某博客软文部分内容。

外出度假时，可使用免洗护发素来保护发丝，预防毛躁。平时在吹头发或使用电热棒之前，一定记得先用一点防热喷雾或其他防热护发剂来起到保护屏障的作用，防止头发被高温灼伤，变的毛躁。

4.别用橡皮筋扎住湿头发

洗完头后，记得不要用橡皮筋或橡皮发带绑打湿的头发，发丝会因不堪承受过大压力而断裂，毛鳞片也会因此受损。所以棉质或莱卡面料的发带更适合用来扎湿发，会更利于保护头发。

说了这么多关于护发的小窍门，接下来小编要来安利一些人气和口碑都很不错的护发产品啦！

1.[redacted]保湿洗发水200ml/48元

图 1-3　某博客软文部分内容

（3）微博

微博由于有字数的限制，因此软文的内容大多短小精炼，且多利用热门话题来引起他人关注。另外，由于微博中可以发布图片和长微博，因此有些软文也通过图片和长微博的方式进行传播，如图 1-4 所示为微博中某软文部分内容。

朝云死后，苏轼也写了许多词怀念他
其中有两句是这样

素面常嫌粉涴
洗妆不退唇红

可见宋朝的制粉技术并不发达
擦粉反倒污了朝云的美貌
真想送一瓶圣罗兰羽毛粉底给她
如羽毛轻抚而过
留匀净不留妆感
这样子髓也不会嫌弃粉污美人颜了吧

购买请戳：http://[redacted] 收起全文^

图 1-4　微博中某软文部分内容

（4）微信

随着微信的流行，在微信公众号或他人的朋友圈中都可以看到软文的身影，如图 1-5 所示为某微信公众号中软文的部分内容。

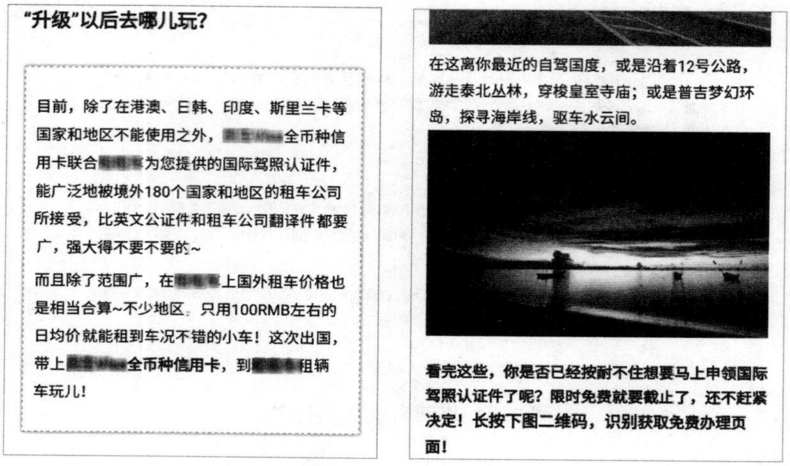

图 1-5　某微信软文部分内容

（5）论坛

与微信、微博与博客等不同的是，论坛中的软文会受到版主的限制，因此论坛软文的广告成分要更隐晦。目前，论坛的类型很多，在选择论坛时也要对号入座。例如，在动漫论坛中发布的软文就要与动漫有关，而不要发布一些汽车、房产等软文。

另外，论坛这一载体与微信、微博等相比还具有顶帖的功能，一篇好的软文再加上他人的顶帖，会因此成为热门帖子，受到更多关注。

（6）其他软文载体

电子邮件、文库、QQ 空间、各大行业、分类信息、媒体或其他门户网站都是软文的载体，丰富的软文载体为我们进行软文营销提供了有利条件。

不露痕迹的软文营销

软文与营销是分不开的，它是伪装的“文字广告”，是通过精心设计的“广告陷阱”来进行产品宣传的营销手段。软文既然是隐性的广告，那么必然具有广告的成分，如果没有丝毫广告意图，那么这篇文章就不会为营销而服务，也不会起到宣传效果。

什么是软文营销

软文营销仍是一种营销手段，这一营销手段借助文字、图片等表现形式来使客户认同某一概念、观点或思路，从而实现营销效果。下面就通过一篇软文来深入认识什么是软文营销。

故事借鉴

标题：1 折买只鸡，你来不来？

试想一下，有一只同品种同品质的好鸡，A 和 B 两个养殖户同时在卖，养殖户 B 原价出售，一只 50 块钱；养殖户 A 在原价的基础上打 1 折出售，一只鸡只要 5 块钱，你会在哪家买？

如果你不会选，我用自己“无敌”的大脑和笔给你计算下：

项目	养殖户 A	养殖户 B
原价	50 元 / 只	50 元 / 只
折扣	1 折	不打折
折后价	5 元 / 只	50 元 / 只
计算：5 元 <50 元	结论：买养殖户 A 的鸡！！！	

结果很明显，买打折的鸡嘛！再给你一道题，买同一个基金，手续费打 1 折和手续费不打折，你怎么选？

我再用自己“无敌”的大脑和笔给你计算下：

项目	民生直销银行	不打折平台
基金申购费	1 折	不打折
假如一笔基金原申购费为 10 元	1 元	10 元
计算：1 元 <10 元	结论：买基金选民生直销银行！！！	

我发现，无论怎么推断论证，都是选打 1 折的更划算！特别是在民生直销银行买基金，更划算！民生直销银行推出的基金超市基金通覆盖全品类基金产品，手续费全场 1 折起！并自带有热门导购、智能筛选、主题基金推荐、丰富 wind 基金资讯等便捷功能，1500 款基金任你选！想投就投！一站就购了！

在阅读该文章的上半部分内容时，可能大多数读者会认为这是一篇有趣的关于如何买只鸡的文章，等到阅读到后半部分内容时，才会发现这是民生银行的一篇营销软文，目的是为了引导客户进入民生直销银行购买基金。

从上述内容可以看出，文章的开头并没有直接的广而告知，它的营销意图和动机在文章的后半部分才逐渐体现。

通过对该软文的阅读，不难理解软文营销，它只是一种具有技巧性的广告，会让人冷不丁地掉入被人精心设计的“陷阱”中，以此来实现营销目的。

软文营销的特点

软文营销利用软文这一独特的载体进行营销宣传，与其他营销方式相比它具有以下特点。

- **不可回避的商业本性**：软文营销的本质仍是广告，不管软文如何具有隐蔽性，这一本质是无法回避的。

- **伪装形式：**软文营销的动机会被伪装起来，它的伪装方式可以是新闻资讯、技巧文档、故事以及其他文字游戏等。
- **宗旨是制造信任：**只有使客户相信你了，客户才会付诸行动。因此，软文营销的宗旨是制造信任。
- **关键是说明产品卖点：**以软文的方式来营销产品，并不会把产品的的所有特性都一一说明白，关键是要将产品卖点说得明白透彻。
- **口碑传播是重要特性：**软文营销通过一传十、十传百的方式进行传播，这使得软文营销具有口碑传播性。
- **着力点是兴趣和利益：**客户只对自己喜欢的和自身利益有关的内容感兴趣，因此软文营销的着力点是客户的兴趣和利益。
- **营销方式不同：**软文营销是按照消费者的需求来制定软文，与硬性广告营销不同的是，硬性广告的营销方式主要是“推出去”，而软文广告的营销方式则是“吸过来”，以消费者为中心创作软文，再在软文的基础上进行营销推广。

软文营销的优势

公司的营销方式多种多样，软文营销能够在各种营销方式中一枝独秀并不是没有原因的，软文营销具有其他营销方式所没有的优势。

（1）手段温和，增加好感度

软文营销的营销手段温和，如在网站、微信等平台上发布的软文与竞争对手相比更具说服力，那么将大大提高网站、微信公众号的可信度。同时，随着客户好感度的增加，会吸引更多的人来关注和访问。

在硬性广告满天飞，其好感度和效果不佳的情况下，软文营销可以巧妙地避开客户对硬性广告的排斥感，提高营销的自然转化率。

（2）便于在互联网上传播，效率高

根据 CNNIC（中国互联网络信息中心）发布的第 40 次《中国互联网络发展状况统计报告》（以下简称《报告》），截至 2017 年 6 月，中国网民规模达到 7.51 亿人，互联网普及率达到 54.3%，中国网民规模占全球网民总数的 1/5。其中，2017 年上半年新增网民 1992 万人，半年增长率为 2.7%，较 2016 年底提升 1.1 个百分点，网民规模增速有所提升。

《报告》同时显示，网民的上网设备正在向手机端集中，手机成为拉动网民规模增长的主要因素。截至 2017 年 6 月，我国手机网民规模达 7.24 亿人，较 2016 年底增加 2830 万人。网民中使用手机上网的比例由 2016 年底的 95.1% 提升至 96.3%，手机上网比例持续提升。

网民数量的激增和市场需求的推动，使得企业的日常运营越来越离不开互联网，"互联网 + 营销"是许多企业重点发展的营销方式，而软文的持续性强，易于操作，也更容易被搜索引擎所喜爱，能实现在互联网上二次或多次地快速传播，营销效率更高。

（3）创口碑，树品牌

在营销竞争激烈的今天，口碑的作用越来越大，软文是在取得消费者信任的基础上进行营销，能够吸引客户不自觉地进行软文推广，从而形成口碑效应。

客户对公司品牌和产品进行认知需要一定的过程，公司想要保持竞争优势就必须构建高品位的营销理念，软文能够把公司产品形象通过文字手段深刻地映入客户心中，引起客户对品牌的关注，并记住该品牌，从而树立品牌价值。

软文 + 营销如何做

软文营销并不是一蹴而就的营销方式，要想软文营销取得良好的效果，需要长期不懈的努力。作为一种“高级”的营销手段，如果软文没有说服力和感染力，不仅会使营销失败，还会带来负面影响。软文营销是由软文 + 营销组成的，那么如何才能将这两部分结合起来呢？下面一起来看看。

分析你的营销背景

不同公司所处的营销环境是不同的，有的公司可能本身就具有一定的知名度，而有的公司可能并不为人所知，营销背景不同，软文营销的目的也会有所不同。

在进行软文营销时，首先需要明确此次营销的目的是什么，这样创作出来的软文才会具有针对性。总结起来，软文营销的目的如表 1-1 所列。

表 1-1　软文营销的目的

营销目的	内容
优化网站排名	如今，大多数公司都拥有自己的官方网站，因为软文对网站 SEO 优化有很大的帮助。因此，许多公司都通过软文来帮助自己提高网站权重，特别是新建的网站，更需要进行网站排名优化
塑造品牌形象	对于有一定知名度的公司来说，他们希望能进一步提高品牌的美誉度，让客户能够更加信任公司的品牌，如果公司能够出现在知名媒体上，这样便可达到目的
增加产品销量	大多数公司进行软文营销的主要目的是为了增加销量，通过软文配合销售进行宣传，以活跃潜在和现有客户，来提升销售业绩

续表

营销目的	内容
解决公关危机	公司在经营过程中难免会遇到负面消息，面对负面消息如果处理不当会造成更严重的影响，公司可利用软文来巧妙地应对公关危机，将一些负面消息进行压制，重新树立品牌信誉
提高曝光度	软文的转载和传播能提高产品和公司的曝光度，因此当公司发布新产品时常常会通过软文营销来寻求产品曝光

营销目的的确定对营销策略和行动方案的拟定具有指导作用，公司进行软文营销的目的并不是单一的，也不是一成不变的，随着目标市场、经营活动等发生改变，营销目的也会发生相应的改变。

策划你的软文主题

确定好营销目的后，接下来要做的就是选择软文推广载体和策划软文写作的主题，载体不同所确定的软文主题也会有所不同。

例如，选择在新闻媒体中发布软文，那么软文营销的主题可以是社会热点，如果在电影论坛中发布软文，那么主题可以是某电影题材。在确定软文主题时，闭门造车的方式是不可行的，借助一些网络工具可以帮助我们更快地确定符合用户胃口的软文主题。

百度搜索风云榜以数亿网民的每日搜索行为作为数据基础，建立全面的各类关键词排行榜。通过百度搜索风云榜能够挖掘出互联网最有价值的信息和资讯，在百度搜索风云榜的首页就可以了解最新的网络动态。

在利用百度搜索风云榜的帮助确定软文主题时，可选择排名靠前的关键词，这类关键词的传播力更广泛。

进入百度搜索风云榜（http://top.baidu.com/），在首页就可以看到实时热点、今日上榜、娱乐、游戏及人物等板块，在这些板块中都可以看到搜索指数的排名情况，如图 1-6 所示为百度搜索风云榜首页。

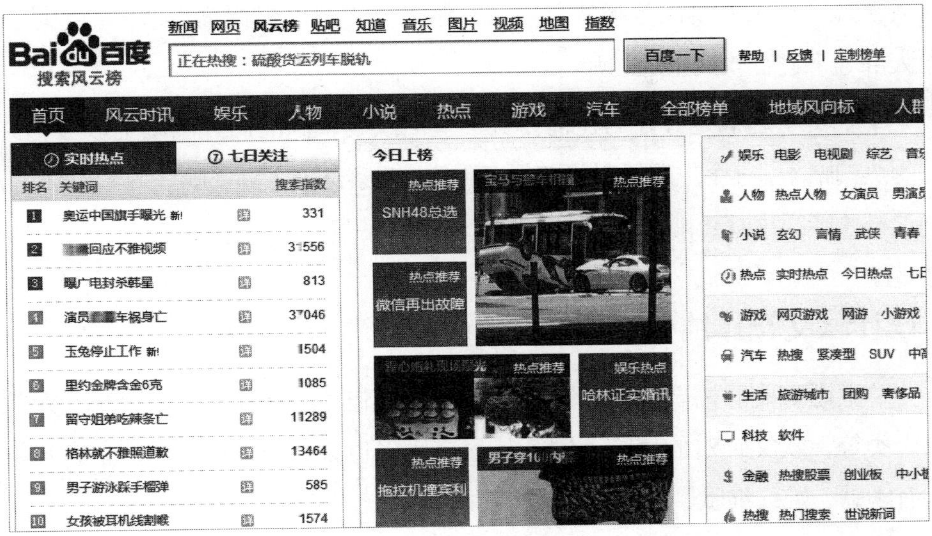

图 1-6　百度搜索风云榜首页

在百度搜索风云榜页面中可以看到排名、关键词及变化率等词汇，下面来看看这些词汇所表达的含义，以帮助我们更好地读懂百度搜索风云榜数据背后的含义，进而寻找出客户感兴趣的软文主题。

- **关键词：**用户搜索所用关键词，单击可以在新窗口中打开该关键词搜索结果页面。
- **搜索指数：**是以品牌或产品的一类关键词作为研究对象，通过科学的分析和计算，得出该类关键词在百度上的搜索频次加权后得到的数据。
- **排名：**该关键词搜索量在该分类中的当天排名。
- **关注度：**也称搜索份额，表示某一信息的检索量在同类信息中所占的比例。
- **变化率：**最近 24 小时检索量与昨日同期检索量相比的变化率。

百度搜索风云榜还提供了丰富的模块，包括地域风向标地图、风云时讯、人群风向标及心跳图等模块，软文营销推广人员可根据热点事件、地域或人群等来进行软文主题的筛选。

软文主题确定好以后还需要到一些活跃度较高的门户网站上查看相关的热门帖子，一个主题可以涵盖很多内容，观察这一主题下哪些内容更热门，这样才能写出真正能满足用户胃口的软文。

设计软文整体结构

主题确定后需要选择合适的软文类型，包括新闻类、经验分享类及故事类等，软文针对的用户不同，其语言风格也会不同，可使用的语言风格有幽默、婉约细腻、朴实与感人等。

选择好软文类型并确定好软文语言风格后，接下来就可以罗列写作提纲了。罗列写作提纲有利于软文成形，提纲的制订可以按照以下顺序来进行，如图 1-7 所示。

第一步：拟定软文标题，并撰写软文主题句，确定软文的中心思想。

↓

第二步：简单描述软文的主要内容，包括剧情简介、关键词等。

↓

第三步：选择软文的写作结构，包括总分总、总分和倒叙等。

↓

第四步：撰写软文草稿，把软文要表达的内容编辑出来。

图 1-7　软文写作提纲

软文的写作提纲并不是“必需品”，部分软文营销人员在创作过程中并不会撰写提纲，但仍能写出优质的软文，这和个人写作习惯有关。对于软文写作新手来说，建议在写作前设计好提纲，因为可以帮助他们确定软文的整体框架和中心思想，让软文撰写起来更轻松，也更容易入门。

做好上述准备工作后就可以着手进行软文创作了，软文创作完成后还需要进行反复修改，直到软文符合营销的要求。

软文发布有技巧

软文创作完成后就到了发布环节，再好的软文如果没有被他人看到都是不能起到营销作用的。在网络上发布软文时也要选择恰当的发布时间，选择在网民上网集中的时间段发布软文，软文就可能被更多的网民看到。那么，到底在哪个时间段上网的人数更多呢？

我们可以利用百度统计流量研究院来分析，进入百度统计首页（http://tongji.baidu.com/），在“网站服务”栏中单击“流量研究院”中的“开始使用”按钮，如图 1-8 所示。

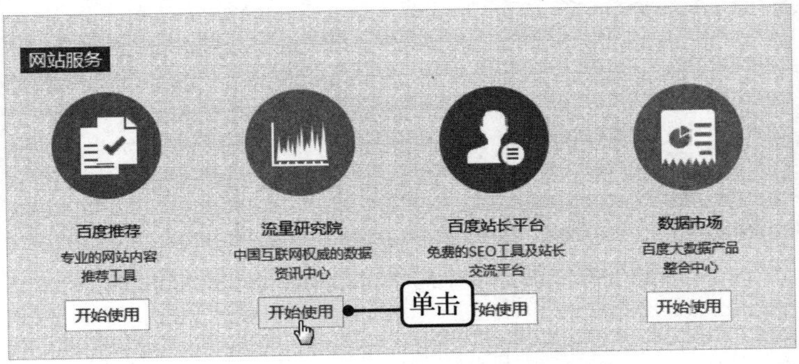

图 1-8　进入百度统计首页

进入流量研究院页面，单击“网民上网时间分布”按钮，如图 1-9 所示。

图 1-9　进入流量研究院

在打开的页面中可以查看最近 1 个月、3 个月和 6 个月网民上网时间分布数据，如图 1-10 所示为最近 6 个月网民上网时间分布数据。

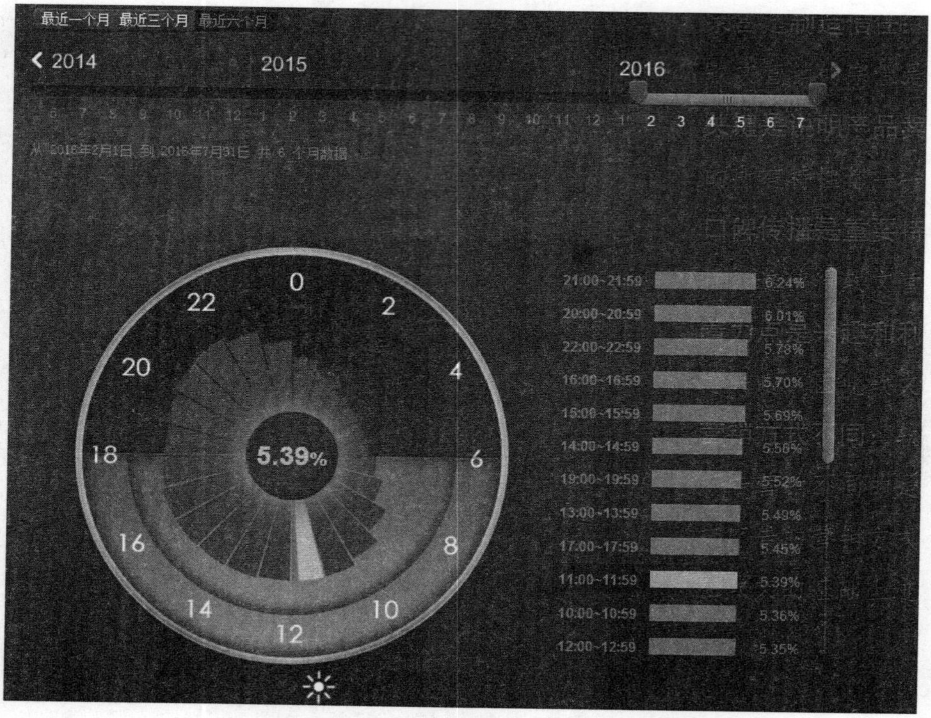

图 1-10　最近 6 个月网民上网时间分布数据

从图 1-10 中可以看出，网民上网集中的时间段的网民人数由多到少，有 21:00 ~ 21:59、20:00 ~ 20:59、16:00 ~ 16:59 以及 15:00 ~ 15:59 等时间段，其中又以 21:00 ~ 21:59、20:00 ~ 20:59 时间段最为突出。因此，可将 20:59 ~ 21:00 作为软文发布的时间段。

在百度统计流量研究院页面中，除了可以查看网民上网时间分布数据外，还可以查看到浏览器市场份额、操作系统市场份额、流量入口以及女性时尚行业报告等数据，如图 1-11 为 2016 年 2 月 1 日 ~ 7 月 31 日共 6 个月的流量入口数据。

图 1-11　流量入口数据

软文营销效果评估

对软文营销的效果进行评估，思考下一阶段软文营销的重心应放在哪里，若有不足之处则及时反思，若软文营销见效则总结经验，为提高软文营销的水平奠定基础。

进行软文营销效果的评估也要掌握一定的方法，下面几点可以帮助我们客观地进行软文营销效果的评估。

- **点击量和评论数**：软文在发布平台上的点击量可以反映出软文受关注的程度，评论数可以看出软文带来的互动影响力，如图 1–12 所示为微信载体中某软文的阅读和评论显示数据。

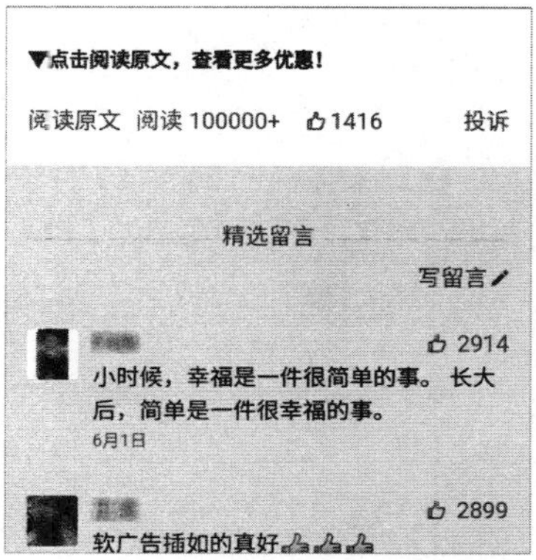

图 1-12　微信载体中的软文阅读和评论数据

- **转载量：**转载量可以看出软文的价值，如果一篇软文的转载量较高，则表明软文的可读性强且具有价值。
- **流量分析：**如果在软文营销期间，网站的IP数量相比以前有所增长，则表明此次软文营销起到了引流的作用。
- **置顶分析：**在论坛中发布的软文，评估效果的简单方法就是看置顶次数，置顶次数越多则表明效果越好。
- **销售数据分析：**将软文营销周期内的销售业绩与过去平均业绩数据对比，如果销售业绩有明显增长，则表明软文营销起到了良好的效果，这种方法既适合评估平面媒体中的软文，也适合评估网络媒体中的软文。

软文营销效果不能用具体的数据来衡量，只能进行客观评价，软文更重要的作用是进行品牌价值的宣传，而软文是否树立了良好的品牌形象是不能评估的。因此，软文效果评估不能绝对化，不能因为软文营销过程中销售业绩不佳或网站点击量没有明显提升就认为软文营销没有效果。

第2章

向“标题党”学习吸睛方法

在这个信息泛滥的时代，每个人每天都要接收大量的信息。一篇软文如何在众多信息和公众挑剔的眼光中脱颖而出是很重要的，而软文的标题正是软文吸睛的关键。

软文标题设计"套路"

不管是进入新闻网站还是博客首页，浏览者首先看到的都是一条条标题，只有标题吸引了浏览者，浏览者才会点击进入，从而阅读到正文内容。

文章标题的好坏直接影响了读者是否会对该文章产生继续读下去的欲望，由此可见标题的重要性，那么，软文的标题应该如何写呢？下面一起来看软文标题写作的基本"套路"。

悬疑式标题

它比牛奶和鸡蛋还有营养！

"多喝热水"真能包治百病吗？

如何让咆哮女友一秒钟变成小绵羊？

如何与父皇母上和谐共处？

最近女神发了一条朋友圈！

你永远不懂，婆婆妈妈都爱 TA 的原因……

看了上述的内容，你有没有被某一内容所吸引，想要一探究竟呢？实际上，上述内容都是相关文章的标题，这些标题都能引人猜想，让人忍不住探寻事实。

悬疑式标题利用人们的猎奇心理，在标题上并不直接体现文章主题，而是给读者兜了匿子，让读者产生好奇心理，从而勾起读者的阅读欲望。在软文标题写作中，悬疑式标题是常用的标题写作方法之一。

悬疑式标题的写作技巧在于如何营造"悬疑"效果，如果一个标题让人无法看清真相或事实，且浮想联翩，那么这样的标题便成功地营造了“悬疑”效果。

要想在标题中营造出悬疑式效果就不能“按理出牌”，而要“出其不意”。那么，如何才能出其不意呢？其中最为简单的方法就是使用疑问句。

疑问句一般用于询问某一事情是否属实，在标题的句尾加上问号来表达“设问”和“疑惑”等感情色彩，下面来看看使用疑问句的软文标题，以帮助我们理解疑问句式的悬疑标题如何创作。

你的个人敏感信息遭泄露了吗？（某安全工具软文标题）

喵，你这么萌，咋不上天呢？（某珠宝软文标题）

真的有免费的“午餐”吗？（电子银行软文标题）

上述疑问句的特点是使用吗、吧、呢和啊等语气词，通过提问的方式要求对方做出回答。另外，在句子中加入怎么、什么或有没有等词汇也可以创作出疑问句式的悬疑标题，如下所示。

你有没有遇到过这样一个人？（某蔬菜销售软文标题）

爸爸会拍照是种什么体验？（某数码相机软文标题）

资本玩家们是怎么高价“卖水果”的？（某证券公司软文标题）

“嗨豆”是谁？（某银行抽奖活动软文标题）

除了在句尾加上语气词或在句中加上怎么、什么等词汇，可以创作出悬疑式标题外，用陈述句的语序，在句尾加上问号也可以创作出悬疑式标题，如下所示。

联盟？部落？（某游戏软件软文标题）

借钱难，钱难借，难借钱？（某贷款广告软文标题）

故事案例式标题

大多数人都喜欢阅读故事，而故事案例式标题便以一个动人的故事或有趣的故事来吸引读者。故事案例式标题的写作并没有固定的模式，标题大多是对正文内容的总结，通过标题可知这个故事的中心内容。例如，我国四大名著之一的《红楼梦》（甲戌本），每一回的开头都有一个小标题，通过小标题可知该回大致要讲述哪些内容，下面挑前几回的章回名来看看。

甄士隐梦幻识通灵，贾雨村风尘怀闺秀（第一回）

贾夫人仙逝扬州城，冷子兴演说荣国府（第二回）

托内兄如海荐西宾，接外孙贾母惜孤女（第三回）

薄命女偏逢薄命郎，葫芦僧乱判葫芦案（第四回）

通过上述前 4 回的章回名，我们可以猜测出该回的主要出场人物以及大概要讲述的故事内容。例如，“贾夫人仙逝扬州城”可猜测出该出场人物为贾夫人，发生的事件是在扬州城去世了，阅读完标题后再阅读正文内容便一目了然了。

我们在创作故事案例式标题时，也可以将某一故事或案例的主要情节或所要表达的寓意进行总结概括，从而创作出故事案例式软文标题。如下所示为某故事案例式软文标题。

孩子，多希望能送你，我儿时的那个夏（某品牌电风扇软文标题）

丝绸之路，从亚洲到欧洲（某汽车软文标题）

生活这么苦，你就别给我添堵了（某快递平台 APP 软文标题）

真正懂生活的人，决不降低对美的追求（某微信公众号推广软文标题）

写给那些北上广深打拼的人们：打理好钱包，放手去折腾（投资理财软文标题）

热门主题式标题

热门事件、热门话题、热门新闻或热门人物总会引起大众的广泛关注，通过当前热门事件或新闻来造势，这样的标题可以吸引大众的关注。创作热门主题式标题可以向百度搜索风云榜“借力”，也可以向新闻网站“求救”，在百度搜索风云榜可以了解最新网民搜索指数，而在新闻网站可以了解到最新的热门新闻，如图 2-1 所示为网易新闻首页。

图 2-1　网易新闻首页

在网易新闻首页就可看到最新要闻，如果单击“排行”超链接，还可以查看 24 小时点击排行等，如图 2-2 所示。

图 2-2　查询排行榜

热门主题式标题的写作方法就是要将热点体现出来，要做到将热点体现出来就要学会挖掘热点关键词，下面我们挑选几条最新热门新闻的标题，来看看如何挖掘关键词。

内蒙古东北局地达 40℃，明后天高温缓解

国家旅游局撤销 2 家 5A 级景区，新批准 6 家 5A 级景区

从上述的新闻中，我们挖掘的标题可以是：高温、5A 级景区，针对挖掘出来的关键词，就可以创作出相应的软文标题，并将广告内容融入其中。

经过构思我们可以用高温、5A 级景区两个关键词创作出以下软文标题，并赋予相应的广告成分。

高温酷暑，最舒服的姿势是泡在水里？（空调广告软文标题）

我能想到最浪漫的 5A 级景区（户外用品广告软文标题）

热门主题式标题创作并不是很难，软文撰写者要时常关注当前的热点，这样才能得心应手地创作热门主题式标题。

探索发现式标题

CCTV-10 科教频道有一个栏目叫作《探索发现》，该栏目以纪录片的形式带领我们一起探寻自然界的神奇奥秘，挖掘历史事件背后鲜为人知的细节和人物命运。该栏目常常会先制造一个“谜”，让人忍不住想要探索未知的秘密，下面来看看该栏目某几期的视频名。

羊舌大墓之谜

千年古帖之谜

金陵迷雾

决战背后的决战

红楼疑案

通过上述的内容可以给我们创作探索发现式标题提供参考，探索发现式软文标题主要以“谜”来诱人。因此，在标题中多涉及背后、秘密、迷、密码、真相、揭秘、解读或答案等词汇，下面列举一些探索发现式的软文标题来了解其中的“秘密”，以帮助我们学会创作探索发现式软文标题。

老司机：关于充值的真相（投资理财软文标题）

科比拿下单场 81 分的秘密是？（基金投资软文标题）

令他一见钟情的秘诀：灵动气质的迷人眼妆（眼影软文标题）

我和仲基有个约会，它告诉我好多秘密（护肤品软文标题）

揭秘：“资产荒”来袭，你的财富如何保值？（理财产品软文标题）

据说这家古风手作护肤店的回购率竟高达 99%，秘诀是？（护肤品软文标题）

要点提示

悬疑式标题和探索发现式标题有相似之处，两者的区别主要体现在悬疑式标题主要是制造悬念，在标题上埋下伏笔；探索发现式标题主要是制造秘密，在标题上引导读者探索未知的真相。

引经据典式标题

商女不知亡国恨，隔江犹唱后庭花。——《泊秦淮》

闲来垂钓碧溪上，忽复乘舟梦日边。——《行路难》

持节云中，何日遣冯唐？——《江城子・密州出猎》

看了上述诗词，不知大家是否发现它们之间的共通之处。实际上，上述列举的 3 句诗词有一个共同的特点，就是引用了典故。其中“后庭花”出自南朝陈后主作的舞曲《玉树后庭花》；“闲来垂钓碧溪上，忽复乘舟梦日边”暗用典故姜太公在渭水钓鱼，遇周文王，助周灭商的故事，而“持节云中，何日遣冯唐”则典出《史记·冯唐列传》。

由此可见，在古代引经据典就已经很“流行”了，我们在创作软文标题时也可以引经据典，以此来提升软文的“文化底蕴”。

引经据典式标题通过借用名言警句、诗词、歇后语、成语、古人故事或影视作品等来创作软文标题，它能使理论有根据，所表达的内容和思想更有说服力，下面来看几个引经据典式标题。

白居易心酸买房记！（投资理财软文标题）

执子手，伴君老，可好？（饰品软文标题）

动人心弦的不只有百鸟朝凤！（某网上商场软文标题）

三国大将关羽怎么就成了财神爷？（某债券基金软文标题）

在创作引经据典式标题前首先要明确引用的诗词、成语等的真正含义，否则就可能“闹笑话”。因此，软文撰写者在没有做到心中有数前最好不要轻易使用引经据典式标题。

要想写好引经据典式标题只有多阅读名言警句、典故及文学名著等，提高自己的文学素养，才能使引用恰当，有说服力。

其他常见标题形式

除前面我们已经讲到的软文标题写作形式外，软文标题还有其他写作方法，下面来认识其他常见的软文标题写作方法。

（1）利益诱惑式标题

利益诱惑式标题的特点是以利诱人，在标题中直接告诉读者有一个“好处”在等着他。利益诱惑式标题的创作并不是很难，只需将其中的折扣、优惠等体现出来即可，如下所示为利益诱惑式标题。

流量充值赠送 20M，最高立减 20 元（手机充值软文标题）

送你 3 元彩金，免费投注欧洲杯精彩赛事（某彩票 APP 软文标题）

解压玩具 1 元秒（某玩具软文标题）

嘿，我有礼物你有故事吗？（某服装品牌软文标题）

（2）数字式标题

数字式标题的特点就是使用了数字，通过标题便可以知晓要讲多少点内容，这类标题在软文中的使用率比较高。为了让数字式标题更吸引读者，这类标题有时会告诉读者某一技巧、方法或经验等，还有可能用巨大的数据来震撼读者的心灵，如下所示为数字式标题。

正在消失的老手艺：800 年的宫廷技艺·景泰蓝（珐琅饰品软文标题）

惊艳你的味蕾：邂逅 10 种不容错过的暖心美食（食品课程软文标题）

这个简单的封面竟被改了 1082 遍（某书籍软文标题）

3000 个陌生人，6 天 5 夜，你来吗？（某社群推广软文标题）

（3）直接式标题

直接式标题是一种“简单粗暴”的标题创作方式，它直白地告诉读者软文的中心思想，一点都不掩饰。直接式标题虽然很直接，但不代表就没有用户点击，对这类软文内容感兴趣的用户仍会点击阅读其中的内容，此类型软文标题多用于产品上新，如下所示为直接式标题。

全套笔记本上线（某笔记本软文标题）

御笔写经抄经本系列（抄经本软文标题）

APP 更新啦！戳这下载哟（某 APP 软文标题）

（4）经验教程式标题

经验教程式标题通过告知读者实用的生活指南来吸引读者阅读软文内

容，这类软文在帮助读者解决现实生活中遇到的问题的同时，还进行广告宣传，常常会使用手把手教、技巧、教程、详解或DIY等词汇，如下所示为经验教程式标题。

想学习刻橡皮章，如何入门？（刻橡皮章工具软文标题）

手把手教你打造精致裸妆（化妆品软文标题）

鳄鱼皮只是详解篇（手提包软文标题）

玩折纸不知道这些怎么行（手工折纸软文标题）

要点提示

在创作软文标题时，软文撰写者要明白，不管使用何种软文标题写作方式，软文最终是否能达到营销效果，还是要看软文的正文内容。如果标题与文章正文内容不符，不但不会起到营销作用，还可能引起用户的反感。

记住标题写作规则

前面我们已经了解了不同类型的标题写作方法，认识了标题的设计“套路”，不过我们还需要掌握一些标题的写作规则，以帮助我们写好软文标题，让软文标题发挥更大的作用。

标题要符合用户“口味”

只有符合用户“口味”的标题才会让人怦然心动，对于有特定用户群的软文，其标题更要有针对性，抓住用户痛点，这样可以使有需求的用户自动点击，而没有需求的用户自动绕开，使软文营销更精准。

在撰写特定用户群体的软文时，不妨先分析该用户群体的特点后再进行标题创作，这样才能“对症下药”。从用户的角度出发，在创作软文标题时要抓住以下几点。

（1）满足用户需求

在撰写软文标题时要善于从用户的角度出发，想一想用户需求的是什么，在以此为着力点进行创作。例如，在电影论坛上发布软文，那么可以想象在该论坛上讨论交流的大多数人是电影爱好者，他们的需求是电影，那么就可以撰写“× × 电影高清在线下载，快戳”、“10 部名著小说改编电影”等标题。

可以看出，上述标题都能满足电影爱好者的需求。同理，在撰写其他标题时也要用从目标用户群体出发，从用户需求角度来考虑标题。

（2）缩短与用户的距离

标题要符合用户“口味”还需要与用户加强联系，标题与用户之间的心理距离不能太远。软文的标题应该如同与朋友对话一样轻松、易懂，在标题中加入一些口语化的词汇能够拉近与用户之间的距离。

写出好标题的原则

软文标题的创作看起来比较简单，但要想写好实则很难，那么怎样才能写出好的标题呢？这要求我们在创作软文标题时遵循以下原则。

- **简明扼要：**标题不是正文内容，在精不在多。因此，在撰写软文标题时要做到简明扼要，如果标题过于复杂且根本没有抓住重点，这样的标题并不是好标题。
- **生活化：**软文的标题应贴近生活，写软文并不是创作诗歌、散文，不必过于文艺，用词也不必过于华丽，“接地气”的标题往往更受大众喜爱，因为更能引起他人共鸣。

- **符合网络文化**：对于在互联网上进行传播的软文，其标题的写作方式和平面媒体是有区别的，它更讲究心理战术而不是文字战术。因此，网络软文的标题大多比较“敏感”和“耸人听闻”，目的是为了挑起读者的好奇心，在创作网络软文标题时可适当使用网络词汇，内容上要契合网络文化和网民的心理特征。
- **有视觉冲击力**：软文的标题都是用户用眼睛看到的，因此标题的字体格式、位置及颜色等都会给用户以视觉冲击；标题在排版上也要考虑视觉效果，一般来说标题的字号都要比正文大。如果是发布在杂志、期刊等排版精美载体上的软文，其标题通常更为艺术化。
- **个性独特**：软文的标题可以体现软文的个性，有独特个性的标题更能吸引他人的眼球，例如“邂逅10种不容错过的暖心美食”和“10种不可错过的美食”两个标题，前一个标题明显比后一个标题更有个性。

标题设计有讲究

软文在不同载体上传播，其标题的设计有不同的讲究，下面我们就针对不同的情形来看看标题设计的要求。

（1）网络媒体

标题是软文的眼睛，在网络媒体中的软文标题大多生动、幽默、雷人，或通过借用热点、谐音字、问句或内幕，营造名人效应等方法来创造出吸引人的标题。例如，在新浪博客首页，可以看到许多借用名人、热点及问句的标题，如图2-3所示。

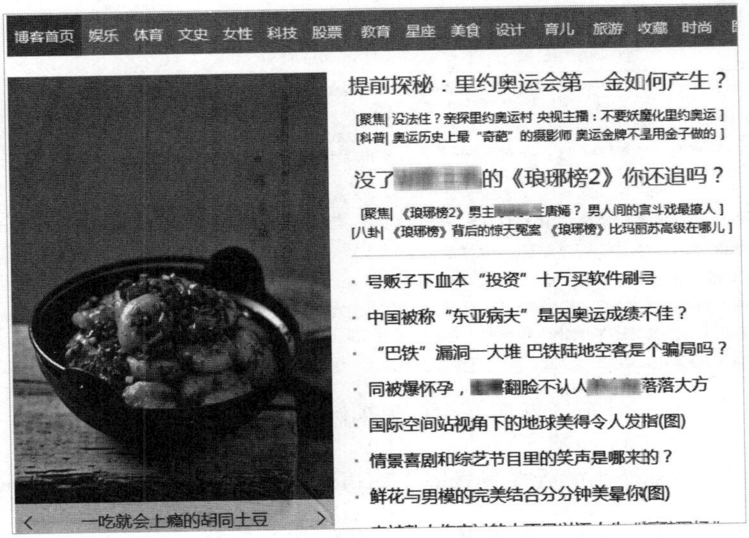

图 2-3　新浪博客首页

关于网络媒体中的标题设计，我们可以总结出以下几点。

- 多用问句，挑起读者好奇心，引起读者共鸣。
- 借用热点话题、新闻、名人、时事，提升标题点击量。
- 将标题字体放大，或使用彩色，使标题突出显示。
- 控制字数，标题不可太长。
- 使用标点，包括问号、引号、书名号与括号等，吸引读者眼球。

要点提示

在软文标题中使用标点符号时，要使用中文标点，而不是英文标点。另外，如若标题较长，也要适当地进行断句，句子较长而不断句不符合阅读的习惯，这两点在创作软文标题时要注意。

（2）电子邮件

邮件营销是通过发送电子邮件的方式进行营销，当人们收到电子邮件后，首先看到的是邮件标题。因此，利用电子邮件进行软文营销，标题也是很重要的，如图 2-4 所示为 QQ 邮件中的邮件标题。

图 2-4　QQ 邮件中的邮件标题

撰写电子邮件中的软文标题时，可以参考以下几点。

- 不要让标题阅读起来像硬性广告，标题的商业气息越浓烈，邮件被打开的机会就会越小。
- 为用户提供有价值的信息，这样才能吸引其点击邮件。
- 可在标题中使用限量、限时等词汇，或添加日期等具有时效性的信息来营造紧迫感。
- 通过创建通知或邀请的方式来让用户感受到关怀，以引起用户注意。

（3）微信

在微信中进行软文营销，其标题要具有微信特色，下面先来看看民生银行微信公众号中不同文章的标题，如图 2-5 所示。

图 2-5　民生银行微信公众号

大多数人使用微信都是通过手机，为适应手机浏览的需要，微信公众号中软文的标题通常不要超过 3 行文字，文字显示为一行或两行比较合适，从图 2-5 中也可以看出所显示的标题大多为两行。

另外，微信公众号软文标题旁通常都会配图，图片要与标题相对应，两者应该是有联系的，而不是随意挑选一张图片放上去。

（4）平面媒体

在平面媒体中进行软文营销要先考虑投放平台，再选择标题的表现形式，因为不同的平面媒体一般都有固定的读者对象。我们可以进入相关报社、杂志或期刊的官方网站，或通过阅读该报纸、杂志或期刊来了解其特色及读者对象等。

标题写作宝典

对于软文撰写新手来说，在创作软文标题时可能会陷入一些误区中，导致标题的创作差强人意。下面就来看看软文标题的写作技巧与常见误区，从而帮助我们在创作软文标题时“更上一层楼”。

标题多长才合适

标题是标明文章、作品等内容的简短语句，既然是简单语句，那么就意味着标题不会太长。标题的长短实际上没有标准要求，但一般来说标题的字数不要超过 30 个字。如果标题字数太多会让人感觉冗长多余，产生阅读疲劳，例如以下的长标题。

七夕节快到了，在七夕节期间本店邀你参加双人主题活动，大家快来参加吧

上述的标题便是典型的字数“超标”的长标题，实际上该标题主要想表达店铺在七夕时有活动。那么，怎样改编可以让标题看起来既不长，也能准确表达中心思想呢？我们可以进行以下改编。

七夕双人“约吧”活动来啦，快来参加吧

这个七夕，参加双人主题活动秀恩爱

牵上 TA 的手，一起享浪漫七夕

七夕来 ××，一起开启璀璨爱情

在七夕，和喜欢的人约会

经过改编可以看出，标题变得简单明了，同时也能起到吸引用户眼球的作用。对于软文撰写新手来说，为了避免出现标题冗长多余的情况，可在创作出标题以后对标题文字进行锤炼，压缩与概括标题中可有可无的内容，尝试改变叙述方式使标题更加简洁。

要点提示

标题的文字不能太长，但并不代表越短的标题就越好。因为标题的好坏并不是由长短来判断的，如果标题太短导致语句不顺，也会适得其反。因此，标题应在保证语句通顺的情况下尽量简洁。

加入这些词提高标题点击量

在软文标题中，加入一些常用词汇可使标题更有吸引力，这些词汇包括史上、最新、最全、分享、实战、盘点、技巧及透露等。下面来看看包含这些词汇的标题。

史上最全的 PS 调色技巧

高手炒股实战分享

最新手机摄影教程与攻略

透露你不知道的手作秘密

最全西藏旅游攻略

盘点历代名家书画作品

在软文标题中加入一些常用词汇时，不要为了添加词汇而刻意添加，否则只会画蛇添足。

另外，在标题中加入数字也能提高点击量，但要注意一点，数字应尽量使用阿拉伯数字，而不是中文汉字。这是因为阿拉伯数字更突出，也更具有视觉冲击力，如下所示为不同标题使用阿拉伯数字与中文汉字的对比。

对比一：

神马？境外刷卡返 18%，这是要上天呐！

神马？境外刷卡返百分之十八，这是要上天呐！

对比二：

他花费了 300 万，终于建成了北京最大的多肉植物园。

他花费了三百万，终于建成了北京最大的多肉植物园。

对比三：

4 个护肤小网红的使用心得和购买指南。

四个护肤小网红的使用心得和购买指南。

这样的错误不要犯

在创作软文的标题时，除了要遵循一定的原则外，还要避免陷入一些误区中。常见的误区如下所述。

● 先写标题还是先写正文

由于个人写作习惯不同，有的软文撰写者在写作软文时，习惯于先写正文，后写标题，而有的软文撰写者则习惯于先写标题后写正文，那么在软文的创作中是先写标题好还是后写标题好呢？

实际上，两种写作顺序都各有优势，先写标题能够针对标题进行正文写作，不容易偏题。如果是先写正文后写标题，能够在写作过程中充分思考，利用正文的内容创作出优秀的标题。由此可见，两种写作顺序各有优势。

要点提示

对于软文撰写新手来说，由于欠缺写作经验，建议最好先写标题后写正文，等到软文创作得心应手后，便可根据个人写作习惯先写正文后写标题。

● 标题不是简单总结

对于软文撰写新手来说，他们有时会把标题创作为简单的“总结式标题”，即对正文内容进行总结。从创作标题的角度看，软文撰写者要明白，标题并不是简单总结，而是在点明主题的同时抓住吸引点。

● 不要过度夸张

在创作软文标题时，为了标题能够吸引读者的眼球，常使用夸张的手法。但要注意的是，夸张不代表不实事求是，软文的标题要符合公司或产品的实际，标题创作时使用的夸张手法只是对产品或公司的升华，而不是一味的脱离实际的夸大。例如，以下自夸软文标题最好不要用。

全网质量第一的 ×××

收益最高的 ×× 理财产品

上述标题都有冒充“第一”的嫌疑，但用户并不会因为软文标题标榜为“第一”就真的相信该产品是“第一”，有时这种虚假的夸大常常会引起用户反感。

- 标题不可强加于人

读者并不喜欢强加于人的软文标题，例如以下类型的标题。

不买 ××× 你就会亏

只要你需要手机，就必须购买 ×× 手机

上述标题让人感觉盛气凌人，而用户看到这样的标题后，常常会产生“叛逆”心理，他们可能会想“我为什么一定要买你的产品，我也可以选择其他产品”。过于强势的标题会让用户不自觉地抵触，使软文营销适得其反。软文撰写者在创作软文标题时要注意，标题应该给用户可选择的余地，让用户心甘情愿地接受该产品的宣传内容。

常用吸睛标题模板

在创作软文标题时，如果撰写者一时想不出好的软文标题，可以借用以下模板进行套用。

1.______ 大 ________________ 的技巧 / 方法

2. 获得 ________________ 最优价的秘密

3. 获得更便宜的 ____________________ 全攻略

4. 关于 ____________________ 的真相

5.________ 比 ________ 要好的 ______ 个理由 / 原因

6. 关于 __________________ 不可不知的秘密

7.______ 邀你参加 ______，约吗？

8. 如何才能 __________________

9.________ 步 ____________ 像一个专家

10. 他人不会轻易告诉你的 ________

11. 最快 ____ 分钟，获得 ________

12. 很少人知道的 ________ 方法

13. ________ 不止一种表达方式

14. ________ 中的真实和谎言

15. ____ 种 ________ 配方公开

16. ________ 必备的购买指南

17. 盘点 ________ 的攻略

软文导语这样写

导语是指正文的开头部分，它通过简洁的文字指出文章中最重要、最精彩的事实，起到牵引全文、引领正文和吸引读者的作用。在新闻中最容易看到导语的身影，严格来说导语并不是正文内容，它是对正文核心内容的概括，作为开头的第一段或第一句话，它的写作方法也有很多种类型。

直奔主题，不拖泥带水

直奔主题，不拖泥带水是指将导语用直接叙述的方法进行概述，把正文中最重要、最吸引人的事或思想开门见山、高度浓缩地阐述出来，这种写作方法在新闻中最常使用。因此，直奔主题也是新闻类软文最常用的一种方法，如下所示为直奔主题式导语。

标题：深蓝色 iPhone 7 Plus 上手，新配色亮了导语：此前外界一致认为苹果会在今年的 iPhone 7 上加入新的配色，而近日就有耳机制造商为我们还原了一款深蓝色 iPhone 7 Plus 有可能出现的样子。

上述导语直接简明扼要地阐明了该新闻的主要内容，相比以下导语，可以看出两者的区别，

标题：测绘全球地图很麻烦，但 Uber 为什么这么义无反顾?

导语：如果你已经被滴滴和 Uber 是否要合并的消息搞得有点疲劳，我们来看点别的。还是关于 Uber，不过这件事和中国、滴滴可能没太大关系。

通过两者的比较，可以发现标题为“深蓝色 iPhone 7 Plus 上手，新配色亮了”的导语比标题为“测绘全球地图很麻烦，但 Uber 为什么这么义无反顾？”的导语更直接，让人一眼就能看懂要表达的内容。

直奔主题式导语的写作方式比较简单，在写作时掌握以下要求就可轻松攻破写作难关。

- **确切：**准确、恰当地概括出文章的主要内容。
- **完整：**对文章内容的概括要完整。
- **简要：**在确切和完整的基础上，尽量用简明扼要的语句来表述。

预热主题，渲染氛围

对导语进行背景营造，然后再进入正文部分，能够起到渲染氛围、将读者带入其中的作用，对外部环境、人物心理或经历等进行描述可起到渲染氛围的效果。下面来看几个能够预热主题，渲染氛围的软文导语。

标题一：这个夏天，一言不合就变脸

导语：夏至已过，天气就像娃娃脸，一言不合就变脸，高温暴雨随意切换。这水深火热的生活，还能愉快的玩耍吗?

标题二：周三综合征！祛症有良方

导语：你有周三综合征吗？

烦闷不安，急躁易怒！

抑郁难抵，低潮落寞！

精力交瘁，昏昏欲睡！

标题三："资产荒"来袭，你的财富如何保值？

导语：一季度末，各银行理财预期年化收益率继续下行，并没有出现大家期望的"季末上扬"效应。今年一季度末平均收益率继续下跌破4%，创近两年新低。市面上的理财产品收益基本在3%～4.5%之间，4.5%以上的产品已是凤毛麟角。

文采显露，意蕴丰厚

在导语中使用古诗名句会使软文导语意境深远，且文采飞扬，如下所示为使用古诗名句的导语。

标题一：七夕，不仅仅是一个收礼的日子

导语：天上九曲羡鸳侣，三世三生。

地下两人会鹊桥，一世一生。

标题二：高考放榜，青春继续，你的大学在哪座城市

导语：十二载的寒窗苦读日，

终换一朝金榜题名时。

标题三：立秋，风吹一片叶，万物已惊秋

导语：怀军属秋夜，三步咏凉天。

山空松子落，幽人应未眠。

标题四：最贵不过教养

导语：仁义礼善之于人也，辟之若货财粟米之于家——荀子

欲擒故纵，巧用诱饵

在导语中设计悬念，或采用欲擒故纵法可以吊足读者胃口，让导语显得耐人寻味。另外，把读者普遍关心的、感兴趣的问题先提出来，然后用事实加以回答，也可以使软文深入人心。

标题一：每一个人心里都住着一头猛兽

导语：有时候还不止一头……

标题二：上得厅堂下得厨房，就是 TA 了

导语：对游戏爱好者来说，它是童年不可或缺的乐趣

标题三：当妈妈驾临朋友圈

导语：某日，微信忽然一震

一看，妈妈竟然加我了

不错嘛，跟上新时代了

赶紧接受

然后，妈妈就“侵”入了小融的朋友圈

然后的然后……

在导语中除了可以设计悬念外，还可以用拟人手法，使导语具有“人情味”，引人猜测。如下所述为拟人手法式导语。

标题一：“妮妲”迫使珠三角放假，这两个地方却坚持开门迎客

导语：看看这个“狐媚”的名字你就知道，她绝对来者不善。

特写镜头，速写勾画

在导语中将人物或某一场景、地点描述出来，从而勾勒出一幅画面，可让读者身临其境、感同身受，下面来看看几个此类型导语。

标题一：我愿化身为桥，只求你从桥上经过

导语：阿难对佛祖说：我喜欢上了一女子。

佛祖问阿难：你有多喜欢这女子？

阿难说：我愿化身石桥，受那五百年风吹，五百年日晒，五百年雨淋，只求她从桥上经过。

标题二：没有木头，他们却造出了地下四合院

导语：因地制宜，尊重自然，一直是中国人所尊崇的。在三门峡陕县，隐藏于地平线下的地坑院，距今已有4000多年的历史，被称为地下四合院。它与福建土楼遥遥相望，有“南有福建土楼，北有陕州地坑院”一说。

一般来说，新闻类软文为体现新闻特征会要求必须有导语，其他类型的软文则没有此要求，软文撰写者可根据写作习惯选择是否创作导语。

要点提示

由于导语位于开头，因此我们可以将导语理解为文章的开头，只是这个开头与正文的开头有所不同，它需要揭示文章的核心内容，起到牵引全文、提纲挈领的作用。

第3章
软文正文与结尾

正文是软文的核心部分，它有很多种写作形式，一篇软文的精妙之处往往体现在正文中，而结尾则是软文画龙点睛的地方。要使一篇软文真正达到隐性广告的目的，还要在正文和结尾上下一番功夫。本章我们就一起来看看软文正文与结尾的写作方法。

软文正文写作思路

软文的本质是一篇文章，只是撰写这篇文章的目的是为了做隐性广告，让潜在的消费者行动起来。正文是软文中内容最丰富的部分，软文的正文要做到“熊腰”，通俗来讲就是正文内容要丰富、翔实和耐看。许多营销人员常常为软文正文写作犯难，其实只要掌握了正文写作的思路，软文正文并没有想象中那么困难。

扣人心弦的悬念式

悬念式也可以叫作设问式，首先提出一个问题，引发读者寻求答案的好奇心。下面来看看一个简单的悬念式软文。

故事借鉴

标题：测一测，什么样的人让你沦陷？

明天就是表白日，什么样的人表白才可以让你迅速沦陷？测一测就知晓！

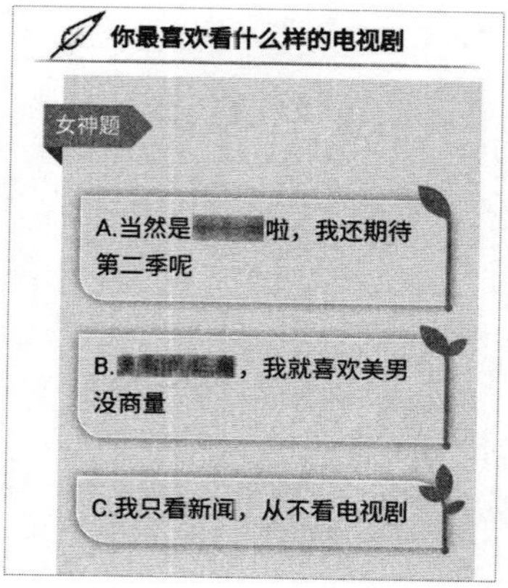

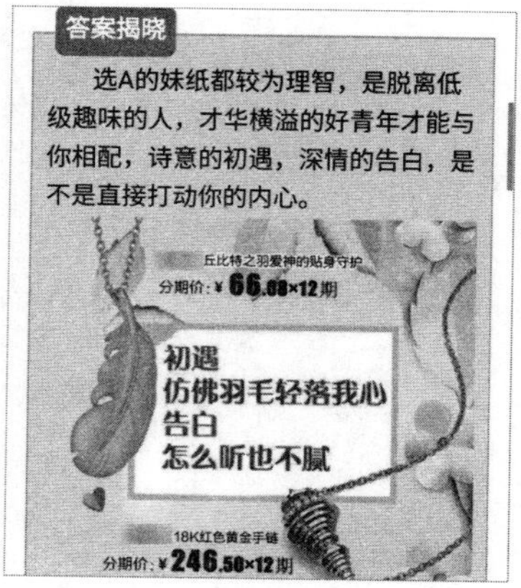

从案例的内容可以看出，该软文的导语是“明天就是表白日，什么样的人表白才可以让你迅速沦陷，测一测就知晓”。然后直接给了读者一个选择题，拥有好奇心的读者都想知道答案是什么，于是他们会继续阅读看看答案是什么。

接下来答案揭晓了，可以看到广告内容就放在两个答案的中间；同时，广告内容也是和答案相关的。

通过案例赏析，可以给我们写悬念式软文正文内容一定的启发，悬念式都是通过设问话题引出的，这个话题本身要有吸引力，同时答案也要符合常识。

运用悬念式书写软文正文，制造悬念是很重要的一步。下面就来看看常见的制造悬念的方法。

- **悬念式开场白：**通过开场白来制造悬念，开场白可以是一个引人思考的问题、一个经典的环境、一个奇怪的现象或某个奇特的声音，例如6月飞雪的场景、“嘭”的声响等。
- **制造不确定性：**在正文内容展开时营造不确定性氛围，例如将人物置于进退两难的境地、制造险象迭生的环境等。
- **使用疑问句：**使用疑问的口吻来询问一件事情常常能引起悬念。疑问句包括一般疑问句、选择疑问句、特殊疑问句和反义疑问句。
- **打破常规：**制造悬念就不能按照常规的行文思路走，而应打破常规，设置一个让人意想不到的情节。
- **制造矛盾体：**设定一个矛盾的事物，例如盲人走路却打手电筒，这就会引人思考，而这正是悬念的所在。
- **巧妙的误会：**设置巧妙的误会，制造一种暂时假象，有意识地将某一行为、现象等设置为另一行为、现象，从而形成误会，也会让软文的正文变得扑朔迷离。

要点提示

在设置悬念时要注意悬念不应脱离实际，它是以一定的事实为依据，而不是凭空捏造的，不能故弄玄虚，否则这一悬念只会成为读者的笑柄。制造的悬念应该在适当的时候解开，让读者的好奇心得到满足，这样才能使文章内容完整。悬念通常会在文章的结尾或者矛盾冲突最为激烈的时候解开。

有趣的故事式

一个有趣、动人或者新奇的故事总能诱人阅读，创作故事是软文写作中运用比较广泛的一种写作手法，它通过一个吸引人的故事来引出产品，从而起到拉近与消费者之间的关系，宣传产品和理念的作用。

故事型软文不需要有太多的心理和人物形象的刻画，只需将故事情节完整地表现出来，因此书写起来也比较容易。下面来看一个案例。

故事借鉴

标题：××× 平台和万科房子之间不得不说的故事

大半夜的，本宫还在鹅厂加班。问我忙啥呢？哼，罢了，和你们絮叨絮叨吧。本宫虽贵为后宫之主，但迫于生计，也只能每周 996 地疯狂加班。即便本宫工作辣么辛苦，但一年下来的收入竟还不够买一个卫生间！

简直生无可恋！今日听闻深圳地区的一手房成交均价已直逼 6 万元大关！你没听错，真的是 6 万元！ 6 万元！连一个 5 平方米大的卫生间竟也要 30 万元！这日子简直没法过了！回想起数年前的房价，本宫不禁潸然泪下。

现实告诉我们一个道理：刚需买房要趁早！在下定买房决心后，本宫东拼西凑，却连首付都还凑不够。无奈买房置业乃人生大计，难难难也得上啊！本宫好心塞。

从上面的案例可以看出本例讲述了一个加班人的故事，如果只看故事开头的部分，读者会认为这只是一个上班族在自我调侃，当继续浏览到下面的内容后才会发现原来这是一篇软文。

故事借鉴

就在本宫伤心之际，××× 发布了 3 条和购房置业相关的好消息，瞬间亮瞎了本宫的丹凤眼！即日起，××× 将联合地产界龙头 ×× 推出三大购房特权。

五一期间，将首次在深圳进行首批特权推广试点。其他城市的小伙伴也不要心急，五一头"啖汤"奉上后，更多特权福利将陆续到来。哎呀，废话不多说，介绍特权最重要！本次推出的买房特权究竟有哪些呢？让本宫为你一一道来。

看到这里读者便明白了广告内容是什么。虽然我们已经知道了这是一个广告，但是并不感到厌烦。那么故事型软文正文究竟该如何写呢，在写故事型软文正文时要把握以下几点。

- 在故事中不能恶意批评或褒奖某个人物，而应客观陈述事实，用口头讲述的方式描述事件发生的整个过程。
- 描述故事时，说明文章主人公做了什么或正在做什么，注意推动故事情节的进展。
- 通过文章中主人公的经历，表明一个观点，引发读者共鸣。

在软文正文中可以讲述的故事类型有很多种，包括恐怖故事、神话故事、童话故事、爱情故事等。故事型软文广告的隐蔽性较强，但如果故事性太强，就会使他人只记住故事内容，而忽略了广告，因此在写故事型软文正文时一定不要忘了诉求重点，这一重点便是广告内容。

正文是对产品信息的包装，故事型软文的正文开始部分并不会立马说明广告的内容，而会循序渐进地引出。通常会设定一个背景，由于软文篇幅不会太长，因此这个背景可以是某一生活场景，也可以是某个环境，例如天气。

设置好背景后还需设定人物以及人物关系，将这些人物的思想、行为体现在故事中，围绕主题中心进行描写。注意正文的故事描写应该是紧凑的，软文并不是长篇小说，对某些细节的描写该省则省。

到底什么是好的故事并没有确切的标准，只要能够引起读者共鸣，并起到了宣传的作用，那么这篇软文就实现了它的意义，这个故事也就是成功的故事。

片段组合式

片段组合式是指围绕一个中心，将正文分成若干个片段。片段组合式的软文在写作时比较随意，每个片段可独立成为一个小段落，在每一个小段落都可以进行软文营销。下面就来看看某片段组合式的软文部分内容。

故事借鉴

标题：恋上你有 4 个不得不

7 月的最后一天，坠下的紫藤花层层叠叠，晚香玉的花串随风摇曳，长留上仙和紫薇格格在巴厘岛完成了大婚。

幸福的新娘许下一生的誓言，“从今天起，我们就是一家人了，只要你在外面觉得累了，倦了，不要忘记，我永远会在家里等你。”

爱到最后，便是共筑一个爱巢，共赴一世情长。

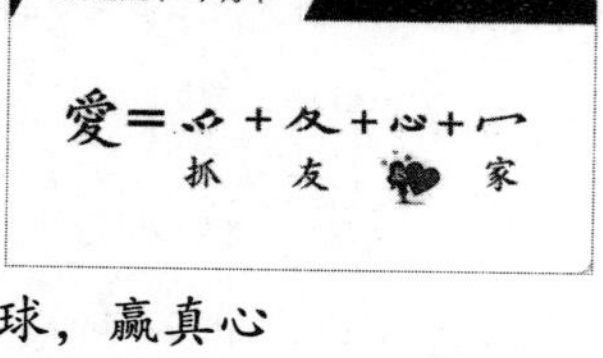

不得不之一：抓住眼球，赢真心

众里嫣然通一顾，人间颜色如尘土。一人风流倜傥，一人清水出芙蓉，佳偶天成。

女为悦己者容，可要好好妆饰自己哦。

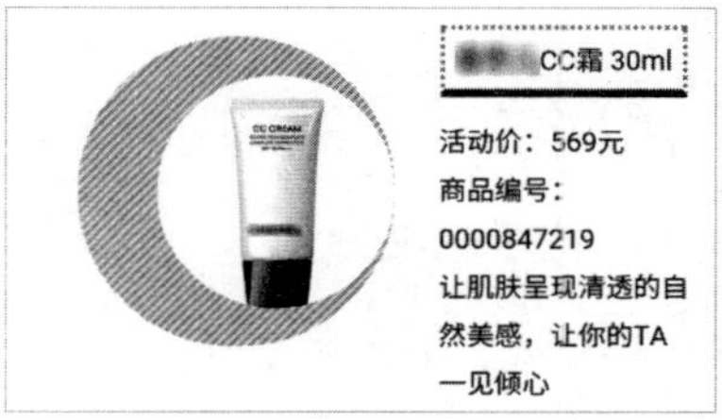

不得不之二：成为挚友，道相同

身无彩凤双飞翼，心有灵犀一点通。霍林十年挚友变挚爱，心灵相通，情投意合。

志同道合，谈心不可缺，联系不可少。

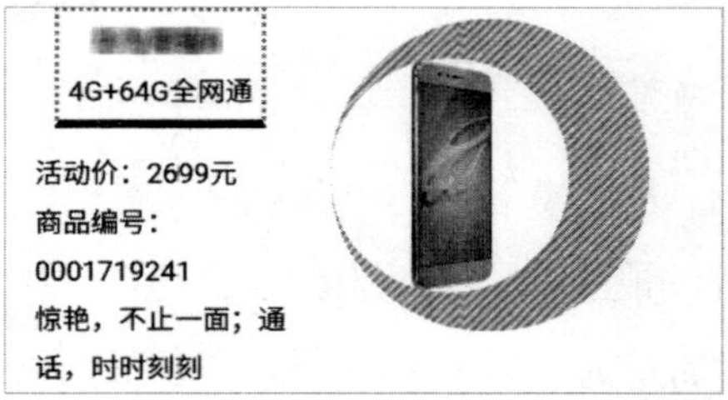

从故事借鉴的内容中可以看出，在文章开头进行铺垫以后，中间部分内容分别由不同的“不得不之 ×”构成，在每个“不得不之 ×”内容中都进行了产品宣传。

当需要进行软文营销的产品较多时，我们便可采用片段组合式来进行软文正文的撰写，使产品宣传能够面面俱到。

有趣的对话式

利用对话的方式将营销内容巧妙地穿插其中，是目前比较流行的一种软文正文撰写方式。下面来看一个有趣的对话式软文。

故事借鉴

标题：挣钱是一种能力，花钱是一种技术，我能力有限，技术却很高……

最近，一个哥们跟我聊天。

我：现在钱越来越不够花了。

哥们：兄弟，没钱花了就跟我说！

我瞬间被感动，什么叫兄弟，什么叫友谊，这辈子有这样的朋友，值了！

我竟无言以对。然后哥们继续说道：我教你没钱的日子怎么过！

哥们继续说：这么跟你说吧，挣钱是一种能力，花钱是一种技术，我能力有限，技术却很高。

一直在我们旁边目睹了全过程的市民王先生终于忍不住了：你们不会去 ×× 直销银行理财啊！新一期专属银行理财已经开卖，分分钟让你能力满格呀！

从故事借鉴的内容中可以看出，上述对话中有 3 个人进行语言交流，包括“哥们”、“我”和“王先生”。其中，“哥们”和“我”起着铺垫的作用，目的是为了引出关键人物“王先生”，最终王先生说出了本文的营销意图。

对话式软文正文撰写的关键是对话，人物之间的对话应有代入感，对话应与广告内容息息相关。在动笔前，最好先构思好对话场景，塑造好人物后再进行创作。

目前，采用一问一答的方式来进行软文创作也比较常见，这样的方式将对话的对象隐藏，并未特指是谁，类似于人物专访，只是所采访的人物并不知是谁，比如以下软文。

问：×× 官网改版了吗？

答：是哒！ ×× 官网全新改版上线啦！不一样的设计，不一样的风格，赶紧猛戳（www.×××.com）抢先体验吧！

要点提示

我们在利用对话式撰写软文时，要注意人物之间的对话应该是经过语言加工的，是能够表现中心的话语，针对不同的人物角色，说的话是不完全相同的。同时，在设定对话时要考虑人物的身份、职业等。

感人的书信式

用日记或书信的方式来撰写软文，能够起到抒情的作用，可以拉近与读者之间的距离，增强文章的感染力。下面来看一篇书信体软文的部分内容。

故事借鉴

标题：孩子，多希望能送你，我儿时的那个夏

亲爱的孩子：

谢谢你为我来到这个世界。

谢谢你让我感到幸福，感受到这个世界的美好。

虽然这一生，没有太多事情，是真正“为我”发生的，但我相信，你的到来一定是个特例。

我爱你，以至于每当我看到你，思绪总会把我拉回到属于自己的那个童年时代，回忆自己像你这么大的时候是个什么样子。记得，家乡的白河畔杨柳依依，蚂蚱在草叶间乱蹦，蝴蝶在花蕊边舞蹈，那个时候天空总是很蓝，那个时候风总是很甜，那个时候的夏天总是很美……

院子里的葡萄架，田野上山里红，是最自然原生的零食。不仅可以吃，还可以用来装扮自己：用凤仙花捣碎了染指甲，把红薯叶小心掐成一截一截当项链耳环，穿上荷叶做的衣服帽子遮阳，神气地走在塘埂上。

由于该软文内容较多，因此只截取了部分内容。从上述内容可以看出，文章采用书信的形式与文中的孩子进行交流，开篇便以情感人，描绘了儿

时的景、儿时的事和儿时的物。

伴随着一幕幕情景再现，本文最终的广告内容也会出现，下面就来看看文章结尾部分的内容。

吹着风扇，吃着西瓜，冲着风扇唱出好听的颤音，小心翼翼地把手指伸进风扇里，触碰扇页前缩回来。

儿时每一个有风扇的夏天，足以抵御一切乏闷，制造各种精彩的可能性；长大后每一个有风扇的夏天，都会吹来所有和童年有关的记忆。

无 ××× 风扇，不夏天，在清凉中享受被拥抱的感觉，哪怕只是风而已。

在文章的最后，我们可以看出这是一篇关于某风扇的软文。书信是日常生活中常用的一种文体，利用书信体创作软文，要注意书信的诉说对象是谁，给不同的对象写信时，其使用的语气和抒发的感情是不同的。

书信的诉说对象可以是自己，也可以是父母、朋友、同学、子女或故人等。书信体具有抒情性和灵活性两大特点，利用书信体巧打感情牌，可以让读者不知不觉被软文所“俘虏”，并接受软文营销的内容。

具有美感的诗歌、散文式

诗歌和散文是两种具有美感的文体，诗歌语言精练、音调和谐、节奏鲜明。散文与诗歌相比更加灵活，语言不受韵律的限制，也更生活化。

散文的表现形式多样，包括日记、随笔、游记或杂文等，散文的篇幅短小，写法灵活，同时语言优美，能够打动读者。因此，散文体在软文写作中运用广泛，也深得软文撰写者的喜爱。

将散文与诗结合起来可以构成散文诗，散文诗是一种现代文体，兼有诗与散文的特点，在软文创作中也常常使用。下面来看一篇散文诗式的软文。

故事借鉴

标题：你不过就看了我一眼，我居然就想……

于万千的人群中，于无际涯的时光里

没有早一步，也没有晚一步

你不过就看了我一眼

我居然就想送你流量

这样

在乎的人再也不会因为流量不足断联

如果见不了面，那就多聊聊天

与其用微信红包去买买买

不如送流量红包聊聊天

从上述内容中可以看出，该软文兼具散文与诗的特点，以散文诗的形式将需要表达的内容融入其中，再逐渐引导用户进入相应的页面。如下所示为该软文结尾部分的内容。

不要问我为什么对你那么好

因为这次，wuli×××× 绝不独宠一人

一定要雨！露！均！沾！

为了大家的福利

在小编的轮番轰炸下

Boss 终于宣布

充流量送流量啦！

办理请点击“阅读原文”

正文的描写方法

软文是一种文字广告，在软文正文创作过程中需要使用不同的描写方法，以给读者身临其境的感觉，善用不同的描写方法能让文章“活灵活现”、“栩栩如生”。

正文表达的基本方式

文章正文的表达方式主要有5种，包括记叙、说明、议论、描写和抒情，在软文撰写过程中也主要使用这5种表达方式来进行写作。下面来看看这5种表达方式的不同特点。

- **记叙：**记叙是最基本、最常见的一种表达方式，用文字叙述出人物的经历和事物的发展变化过程。记叙在写事文章中应用较为广泛。
- **说明：**是指用简明的语言，把事物的形状、性质、关系或特征等准确地阐述出来。
- **议论：**是指对某个议论对象发表见解，以表明自己的观点和态度，通常带有较强的主观色彩。
- **描写：**是指对心理、语言、动作、神态及外貌等进行具体刻画和生动描摹。
- **抒情：**是指用形象化的语言表达人物的主观感受，可分为直接抒情和间接抒情两种。

这几种表达方式并不一定单独使用，在软文的创作中可能会使用多种表达方式。例如，在记叙文中为了使叙述的内容更加生动，会运用描写的表达方式，为了使文章拥有感情色彩，会辅之以抒情表达方式，添加议论的表达方式可以让记叙的人或事更有意义，在需要添加说明的地方还会运用说明的表达方式。例如，在《呼兰河传》的第一章中就运用了多种表达方式，下面来看看摘选的部分内容。

严冬一封锁了大地的时候，则大地满地裂着口。从南到北，从东到西，几尺长的，一丈长的，还有好几丈长的，它们毫无方向地，便随时随地，只要严冬一到，大地就裂开口了。

严寒把大地冻裂了。

年老的人，一进屋用扫帚扫着胡子上的冰溜，一面说："今天好冷啊！地冻裂了。"

赶车的车夫，顶着三星，绕着大鞭子走了六七十里，天刚一蒙蒙亮，进了大车店，第一句话就句客栈掌柜的说："好厉害的天啊！小刀子一样。"

等进了栈房，摘下狗皮帽子来，抽一袋烟之后，伸手去拿热馒头的时候，那伸出来的手在手背上有无数的裂口。

人的手被冻裂了。

从上述内容中可以看出，既记叙了事物发展的变化过程，又对环境进行了描写，同时间接抒情，进一步增强了文章的感染力。

正文描写方法如何用

描写方法是文学创作的基本方法，因此在软文创作中也会使用，按照描写的内容不同，描写方法可分为人物描写和环境描写，按特征又可分为白描、衬托、烘托、渲染、对比和情景交融等。我们这里针对人物描写和环境描写来讲解如何在软文中运用这两种方法。

在软文中对人物进行描写，主要是对人物肖像、语言、行动和心理进行描写，在具体描写时可掌握以下技巧。

- **肖像描写**：在软文中描写人物肖像时不要求写全貌，只需将最能表现人物性格的外貌和特征描写出来即可，可从人物的面部、身材与服饰方面入手。
- **语言描写**：语言描写是塑造人物形象的重要手段，要体现人物的性格、职业、经历以及心理活动。
- **行动描写**：行动是人物性格的具体表现，在描写时要从“做些什么”和“怎样去做”中展现人物的情感和状态等。
- **心理描写**：指对人物内心活动进行描写，在描写时要注意人物心理活动的变化，心理的变化不应是单调、静止的，而应是波澜起伏的。

在软文中进行环境描写可增加文章真实性、渲染气氛和烘托人物心情，以下几种环境描写方法可让软文更出彩，如表3-1所列。

表3-1　软文环境描写技巧

描写技巧	内容
串联式描写	指在软文中穿插式地进行环境描写，较常用的是在开头、中间和结尾进行环境描写，使文章脉络分明、形成呼应
情景式描写	指通过环境描写来揭示人物的情感，例如我们熟悉的“红了樱桃，绿了芭蕉”“枯藤老树昏鸦，小桥流水人家”等诗词就是很好的情景式描写的例子，使景中有情，实现寓情于景
对比式描写	在软文中对环境进行对比描写，可突出各自的不同特征，更加深刻地揭示文章的主题，例如“朱门酒肉臭，路有冻死骨”、“冲天怒气高千丈，扑地肥躯做一堆”便是可以借鉴的例子

下面摘选某茶叶营销软文正文中的开头部分内容，来帮助我们理解使用描写方法是如何增加软文的表现力和代入感的。

故事借鉴

标题：茶得趁热喝，人得趁热爱

黄昏的一场急雨，天色瞬间变暗，雨声里泡杯红茶，沸腾的开水倒进茶壶中，茶叶翻滚间飘出浓香，上好的红茶在骨瓷杯里，冒出丝丝热气，茶香扑鼻，配上点心，趁热抿一口，惬意又满足。

从上述内容可以看出，使用了环境描写可以为我们营造一个惬意烹茶的生活场景，在正文的开头部分为软文营销目标渲染氛围，可以激起读者的情感体验，最终使营销目的得以实现。

正文写作高手支招

当软文标题成功地吸引到读者后，正文就要发挥重要作用了。正文是软文的主体部分，只有正文对读者来说是真正有价值的，读者才愿意接受广告内容。掌握一些正文写作的技巧，能够帮助我们牢牢地抓住读者的心。

掌握标点符号的正确用法

软文创作会使用大量的标点符号，它是书面语言不可缺少的辅助工具，可以帮助人们确切地表达思想感情和理解书面语言。对软文撰写者来说，掌握标点符号的用法是基本的要求。

对于句号、问号、引号、逗号或顿号等标点符号的基本用法，一般都不会弄错，下面我们就来看看标点符号的常用误区。

（1）什么时候问号可叠加

问号用于疑问句和反问句的末尾，当表达的疑问语气需要加重时，可以叠加使用问号，如下所示。

你为什么要这样做？我说了的话你怎么不听？？你不知道这样做是不对的吗？？？

在使用问号时应像上例句一样，通常先单用，再叠加使用，注意叠加使用时最多叠加3个问号。在表示存有疑问或不详时，也可以使用问号，如下所示。

×××（？～1321），元代戏曲家。

（2）什么时候叹号可叠加

叹号用于感叹句、语气强烈的祈使句和语气强烈的反问句末尾。当表示声音巨大或逐渐加大以及表达强烈语气时，可以叠加使用叹号，在一个句子中叹号同样最多叠加3个，如下所示。

努力！奋斗！！勇敢向前进！！！

有些时候我们会用到问号和叹号联用的情形，例如以下示例。

我们真的会屈服吗？！

当问号和叹号联用时，既表示疑问也表示感叹，常常用于带有强烈感情的反问句和带有惊愕语气的疑问句中。

（3）句中通常不使用冒号

在句子的内部通常不使用冒号，冒号多用于列举式的表述中，所列举的内容需另起段进行表述，如下所示。

第九条 合同的内容由当事人约定，一般包括以下条款：

一、当事人的名称或者姓名和住所；

二、标的；

三、数量。

（4）引号的用法

引号是经常会使用的标点符号，也是在使用时比较容易出错的标点符号，引号一般用于以下情形。

- 用于行文中直接引用的部分。
- 用于需要着重论述的对象。
- 用于具有特殊含义的词语。

当引号与其他标点符号联用时，常常会犯以下错误，如下所示。

她感叹道："这里的风景真是美极了"！

上述的错误在于将叹号放在了引号外面，实际上叹号应该在引号的里面，如下所示。

她感叹道："这里的风景真是美极了！"

引号还有另一种特殊的用法，当引文不止一段时，在每段的开头用前引号，表示后面的文字是引文，最后一段末尾后用后引号，表示引文结束，如下所示。

《红楼梦》（甲戌本）中葬花吟这段这样展示了黛玉的心灵世界：

"花谢花飞花满天，红消香断有谁怜？……

"桃李明年能再发，明年闺中知有谁？……

"侬今葬花人笑痴，他年葬侬知是谁？……

"一朝春尽红颜老，花落人亡两不知！"

要点提示

当在一个句子中，引号的句子里面还要用引号时，外面一层用双引号，里面一层用单引号。例如，我问小李："你知道'落霞与孤鹜齐飞，秋水共长天一色'出自哪位唐代文人的名句吗？"

软文开头的布局方式

在软文创作中，我们会把正文划分为不同的段落，段落是正文最基本的单位，一个个段落又组成了文章的层次。软文的布局就是对段落层次的安排，合理安排布局可以使文章条理清晰；好的布局可增加软文的吸引力，激发读者的阅读兴趣。

如果将软文的正文分为开头、中间和结尾3部分，那么这3部分内容如果能做到“凤头、熊腰和豹尾”，就是一篇优秀的软文。凤头是指好的开头；熊腰是指中间内容要丰富；豹尾是指好的结尾。

那么，如何才能使软文的开头像凤头那样美丽、精彩呢？软文“凤头”的开篇之法有多种，如下所示。

- 利用疑问、倒叙等方法设置悬念，吊起读者胃口。
- 引用名言，使文章精练又深刻。
- 单刀直入，开门见山，使文章直奔主题。
- 巧用修辞，使文章形象生动。

下面我们分别来看看不同风格的软文开头。

故事借鉴

悬念式：

对于现在的靓妹来说，化妆是习以为常的事情，毕竟亚洲三大邪术之首的魅力足以让爱美的靓妹趋之若鹜，但有一些靓妹很郁闷，不管自己用多好的化妆品，似乎总是没办法达到特别好的效果，今天罗列下几种非常不好的化妆习惯，不仅上妆不好，有些还容易伤害到自身皮肤哦，看看你是否中招了~

引用名言式：

叔本华说：要么庸俗，要么孤独，一个人只有在独处时才能成为自己，每个人心中都有一处尚未崩坏的角落，可能是一个故事，是一首歌，抑或是一场相谈甚欢的欣喜。

开门见山式：

不要签名，丝滑般的爽快！

对！

这就是将让移动支付焕然一新的快速、安全的支付方式——云闪付！

巧用修辞式：

阴天，乌云密布，黑色的土地，伫立着一圈人影。在他们中间，一个土坑正燃烧得像被后羿射下的太阳。轰隆一声，上面的盖子被吊起，大火烧得更加凶猛，热浪四处乱窜，如同炼狱末日。热浪过后，才能看见土坑里齐刷刷地立着几十个砂锅，黑色的坚硬的外壳之下映衬着红色的火焰，黑红的对比让整个场面像恢弘的史诗大片。

巧妙加入超文本

在网页上阅读文章，我们常常会发现某些词的颜色会有所不同，将鼠标光标放在这些词上，还会出现手掌的标志，单击该词汇可以跳转进入其他网页，如图 3-1 所示。

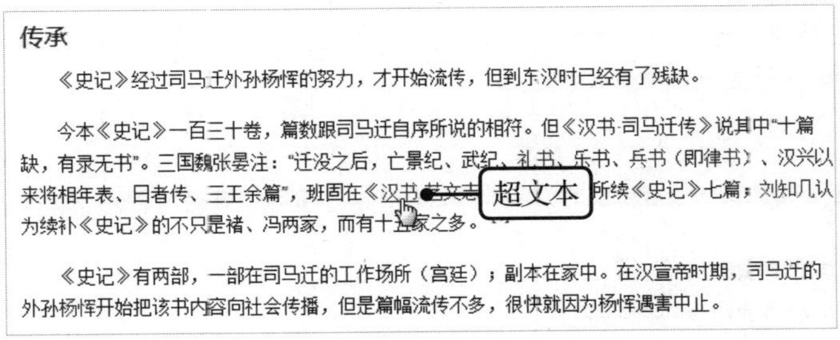

图 3-1　出现手掌标志的文字

之所以会出现手掌标志，是因为该词汇存在链接，形成了超文本。在软文营销中常常会为软文添加相应的链接，引导用户进入公司网站或产品的购买页面。

在 Word 文档中为软文添加链接比较简单，只要选择需要添加超链接的文本，单击“插入超链接”按钮，在打开的“插入超链接”对话框的“地址”文本框中输入链接地址，再单击“确定”按钮即可，如图 3-2 所示。

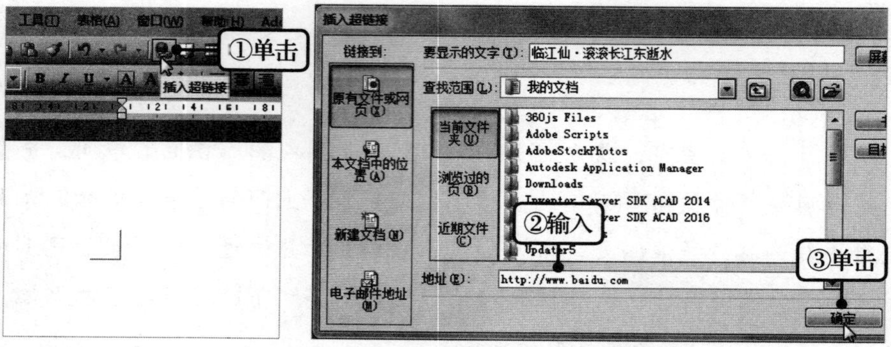

图 3-2　在 Word 文章中添加超链接

在微博中发布软文添加网页链接时要注意，网站地址不能简写，例如在新浪微博中添加百度首页的网站链接，需写成“http://www.baidu.com/”，而不能写成“baidu.com”。写成后者，发布的网址将显示为文本而不是链接，写成前者会显示“网页链接”，如图 3-3 所示。

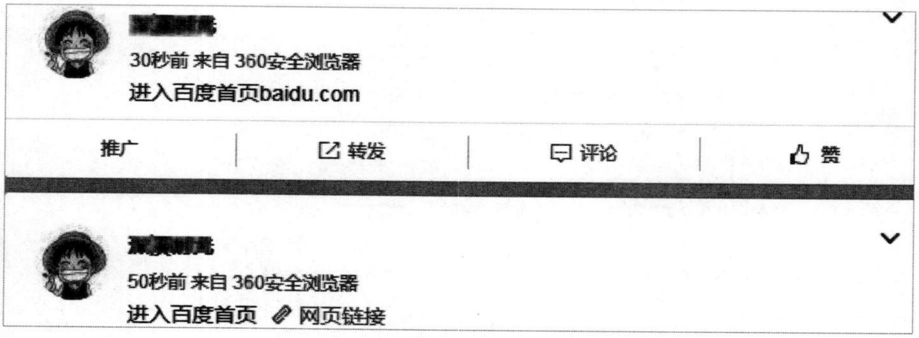

图 3-3　微博软文添加链接

为软文画上完美的句号

软文的结尾通常是传达公司名称、产品及服务等信息的部分，可见结尾常常起着“点题”的作用，软文的收尾方法也有很多种，掌握收尾的基本方法可让软文撰写“进退自如”。

自然收尾式

自然收尾是指结尾不再精雕细琢，不再设计深刻的含义，而是自然而然地结束全文，常常用于记事、写人的记叙性软文中，以故事的结局作为自然收尾。

故事借鉴

大概夜里一点多，我开车回了母校，走在操场上，忽然看到一对情侣，他们正在夜跑，我跟着跑了两步。

女生说：我跑不动了。

男生说：要不，我背你跑吧。

女生说：别了，那多累啊。

男生冲过去，一下子把女生放在身上，飞快地跑起来。

操场上，是两个人的笑，他们的笑，传到我心里，暖暖的。

自然收尾式结尾朴素无华，一个事情讲完后，文章便戛然而止，在文章的末尾不再书写其他结束语。它是一种常用的结尾方式，会给读者以干净利落的感觉。

在软文中采用自然收尾式，要注意把握住“尾”在哪里，结尾的原因并不是因为文章写不下去，而是因为事情已经了结，文章的结构已完整，符合事情的发展过程，结尾理所当然。

首尾呼应式

首尾呼应指文章的开头与结尾相互呼应，在总分总结构的文章中最常使用首尾呼应式收尾。

故事借鉴

开头：

正山小种，在红茶历史时间轴的最顶端，散发着深山里的松木烟味。若是喝上一口，你就能明白，它能成为经典的理由。

结尾：

一道“桂圆汤”，给了正山小种一个独特的印记，幽静的茶山，绵延的雾气，也仿佛有了隐约的烟味。这就是桐木关，每年开春，海拔一千二百米以上的山中，生长了百年的茶树各自抽芽，茶农会采摘鲜叶，经梁骏德筛选后，用来制作传统的正山小种。有好的茶喝，会喝好茶，是一种清福。梁骏德却一直相信，正山小种的味道没有真假好坏，只有不同，桐木关与外山的不同，自己做的与他人做的不同。

所以这一次的特级正山小种，我们只有500份，因为越是跋山涉水，亲身经历，越能发现来自自然的馈赠有多宝贵。

首尾呼应式结尾要求头和尾相互照应，它能使文章看起来结构完整，前后都能紧扣主题，使论点更加突出。要实现首尾呼应，可以采用以下做法。

- 文章开头与结尾语意相符。
- 文章开头抒发感情，在结尾也表达同样的感情。
- 在文章开头提出的问题，结尾进行解答。

- 文章的开头点题，结尾时以抒情议论的方式升华主题。
- 文章开头提到的事、物、景和人等，在结尾时同样提到。

余味无穷式

收尾时留给读者以想象的空间，让读者自己去补白、续写，可以留给读者无限想象，引人深思，使文章回味无穷。

故事借鉴

我们不去管我们终会去向哪里

只知这一程有如沙漠行舟

我们只是植入了一片花砖

却无意间成长出整个世界

然而这一切

仍未完成

如果你没有与 499 人一起在现场

有一个地图

可以带你逛完整个新仓

通过上述结尾的内容，许多读者可能会对文中的“地图”产生好奇。在勾起读者好奇心时，进一步引导读者进行下一步的操作，可使营销效果更好，如下所示为承接上文的内容。

长按识别图中二维码

可获取 ××× 实景地图

余味无穷式结尾常常在文章的结尾处设置悬念，引发读者猜想，让读者能够自由想象，从而使文章余味无穷。

画龙点睛式

在结尾提出明确的观点或解密，可起到画龙点睛的效果，使用画龙点睛式结尾可以提升软文的品味，让读者印象深刻。

故事借鉴

纽约时报中文网发过一篇文章《年过三十难交友》。

其实“难交友”的状态，从23岁就开始了。

我现在的微信好友有896个，可能真正到了生日宴会请客吃饭时，都凑不满10桌。

朋友成百上千，但真正能称得上好朋友的，也就2～3人。

虽然这几个人现在分散全国各地，但我也格外适应。

因为好朋友的意义可能在于，当你对所有事情都心生厌倦时，你就会想到他。

一想到他在世界的某个地方生活着，存在着。

你就永远不会对生活绝望，反而能产生些许信心。

于是，重新投入生活的怀抱。

真正理解好朋友含义的人，都会有这种感受。

有好友相伴，实在是一件快乐而近乎奢侈的事啊。

文章画龙点睛的结尾部分要在紧扣文章内容的基础上提炼文章的主题，书写时可用议论、抒情的语言来升华文章的主题思想，在表达作者情感的同时感染读者，让读者产生共鸣。

第4章 给你的软文加个“亮点”

软文的关键词是软文的核心，关键词对于网站优化、营销的精准度以及销售转化率都有重要作用。如何在软文中添加关键词？关键词的密度应为多少？这些都是软文撰写者需要掌握的创作技巧。

什么才是最好的关键词

为软文添加关键词是软文撰写者常常会做的事，而如何选择关键词常常又让撰写者苦恼不已。正确、合理地为软文添加关键词才能使关键词发挥有利作用，否则可能会产生不利后果。

添加关键词有什么作用

对于关键词为什么这么重要，软文撰写新手可能还不太明白，要了解关键词的重要性还需要追根溯源。目前，关键词营销已经成为热门且有效的网络营销方式，关键词营销也被称为搜索引擎营销。

众所周知，用户在网上查找信息都是通过搜索引擎进行的。在搜索引擎中，用户会输入关键词来选择需要的信息，进入相应的网站，而这些关键词是许多公司重点抢占的关键词。

由此可见，在软文中加入关键词的作用之一就是保证用户能够搜索到自己的文章。另外，加入了关键词的软文才能起到提升网站关键词排名的作用。一个网站如果只是更新软文，而没有融入相关的关键词进行推广，关键词的排名也会毫无变化。

撰写软文的目的是为了进行营销宣传，如果不在软文中融入产品关键词，不告诉用户产品是什么，使得软文太软，进而没了营销迹象，那么读者只会认为这是一篇优美的文章，此次软文营销也只能说是做了无用功。因此在每一篇软文中，我们都可以看到不同的广告信息，这些隐藏的广告信息也可以称之为软文的“关键词”。

软文的关键词营销主要针对的是搜索引擎，在微信、邮件和平面媒体中发布的营销软文通常都是用户被动接受，而不是主动搜索。因此，在微博、微信以及邮件中发布的软文，只需做到将产品关键词巧妙植入即可。

而对于需要利用软文推广来提高网站关键词排名的公司来说，在撰写软文时就需要对关键词进行策划，选取对网站有利的关键词，因为如果关键词操作不合理有可能使网站排名下滑。

对于博客营销来说，软文的关键词设置同样也很重要，因为用户同样可以通过搜索引擎搜索进入我们的博客网站。例如，在百度搜索引擎中搜索“红茶的起源”关键词，在搜索结果的首页有一条链接，链接的地址就是某博主的博文页面，如图 4-1 所示。

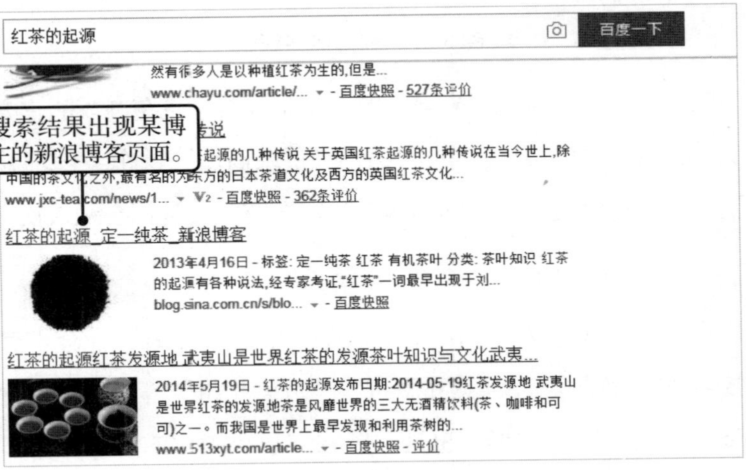

图 4-1　搜索“红茶的起源”的搜索结果

必须要了解的关键词类别

关键词可以是一个字，也可以是一个词或者一句话，它既可以是中文也可以是英文或者阿拉伯数字。按照搜索目的的不同，关键词可以分为导航类关键词、产品类关键词和信息类关键词。

（1）导航类关键词

导航类关键词是指用户要特定进入某网站，但不清楚该网站的网址，在搜索引擎中通过输入品牌名或官网名进入该网站。例如，在百度搜索引擎中输入“京东商城”关键词，会出现如图 4-2 所示的结果。

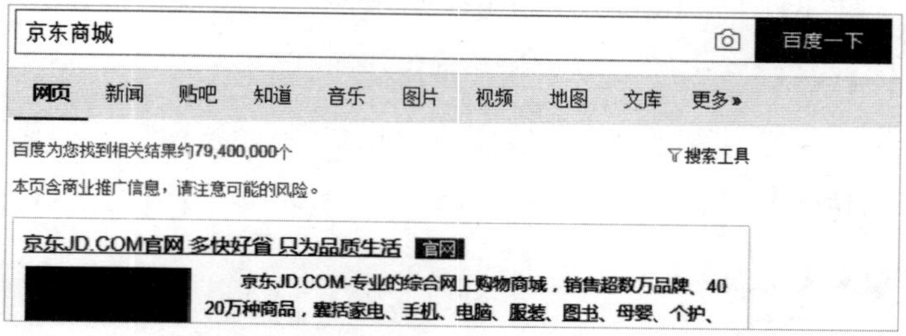

图 4-2　导航类关键词

在上图的搜索结果中可以看到，第一条结果就是京东商城的官方网站，而这一官网就是用户想要进入的网站，“京东商城”这个关键词就是导航类关键词。在进行公司品牌或网站宣传时，导航类关键词会融入软文中。

（2）产品类关键词

当用户没有明确进入的网站而有明确的购买对象时，他会带着购买意图进行搜索，例如搜索“5.0 英寸手机”“数码相机”等；这类关键词是营销类网站重点关注的关键词，也是营销软文重点锁定的关键词。在产品营销类软文中，产品类关键词常常会融入其中以实现营销的目的。

（3）信息类关键词

信息类关键词没有明确表明购买意图和指定进入的网站，用户可能只是为了了解某一经验，获得某信息咨询而进行搜索，例如“延时摄影技巧”、“口金宝制作”及“运动的好处”等。在软文的标题中常常会使用信息类关键词，以吸引用户点击进入。

要点提示

关键词根据其热门度，可分为热门关键词、一般关键词和冷门关键词；根据关键词长短不同，又可分为核心关键词和长尾关键词，其中长尾关键词常常是由 2 ~ 3 个词组合而成。

关键词有几个才合适

大多数软文的关键词常常就是我们要广而告之的信息，在软文正文中植入太多的产品关键词会让用户感到厌烦，但也不能说产品关键词越少就越好。一篇软文中到底应该有几个关键词并没有明确的定论，只能说以适当为原则。

一般来说文章内容较多，关键词也可较多一些，而文章内容少的，关键词也要相应少一些。针对网络营销的软文，为迎合搜索引擎，让网站、博客等有好的排名，发布的软文如果篇幅较短，那么关键词一般为 1 ~ 3 个比较合适，而篇幅长的软文出现 4 ~ 6 个关键词比较合适。

关键词出现的频次如果过高，搜索引擎会认为该软文是故意堆积关键词，这样对于软文推广是不利的；同时，也会让读者产生视觉疲劳，例如以下“砂锅”关键词。

你需要一口砂锅，一口可以直接烘烤的砂锅，这口砂锅可帮助你烹饪出美味佳肴，这口砂锅还可以让你成为美食家。

另外，还要注意的一点是，我们在网络上发布的软文最好都是原创文章，如果软文的内容不是原创，搜索引擎会认为这样的文章“没有价值”。因此，并不会将这篇软文收录，而用户也不会通过搜索引擎搜索到这篇软文。如果软文不能被用户阅读到，那么就不会起到营销的作用。

对于网站推广来说，原创软文的作用更为重要，如果想要网站排名稳定，在网站中时常更新原创软文是很有必要的；原创软文的发布可以不断提高网站权重，增加收录量，从而使自己的网站比竞争对手的网站更有“优势”。

巧用工具确定软文关键词

软文是给用户看的，因此关键词的选择要符合用户的搜索习惯。另外，关键词也要与软文内容存在相关性，这样才能更好地切入主题。下面就来看看如何利用工具确定软文关键词。

探索关键词数据

在确定关键词前，首先可以对关键词进行收集和整理，预选几个目标关键词。预选目标关键词首先可以采用头脑风暴法，想一想哪些词可以描述公司品牌、产品或服务。预选出几个目标关键词后，可以利用搜索引擎工具帮助我们挑选出其他关键词。

在搜索引擎中输入某关键词后，会出现其他关联词，在这些关联词中便可预选出目标关键词。例如，要为某普洱茶撰写一篇营销软文，那么可以在搜索引擎中输入“普洱茶”这一词汇，看看会出现哪些关联词。

以百度搜索引擎为例，在百度搜索引擎中输入“普洱茶”后会出现如图4-3所示的关联词。

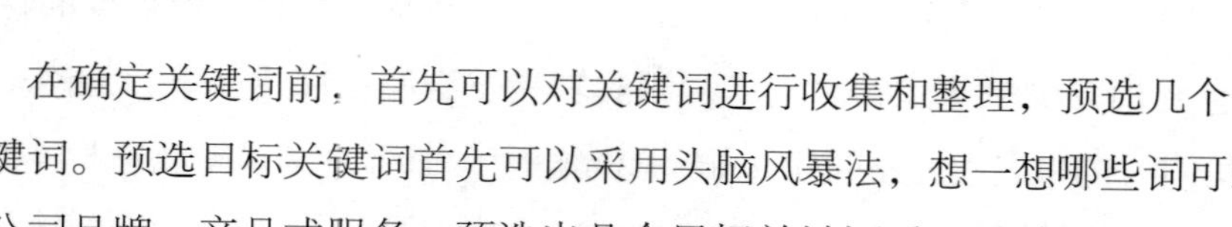

图4-3　搜索关联词

从图 4-3 中可以看出，在“普洱茶”这个词汇的下拉框中出现了“普洱茶的功效和作用”“普洱茶十大品牌”等关联词。此时，还可以从页面尾部的相关搜索中找到其他关联词，如图 4-4 所示。

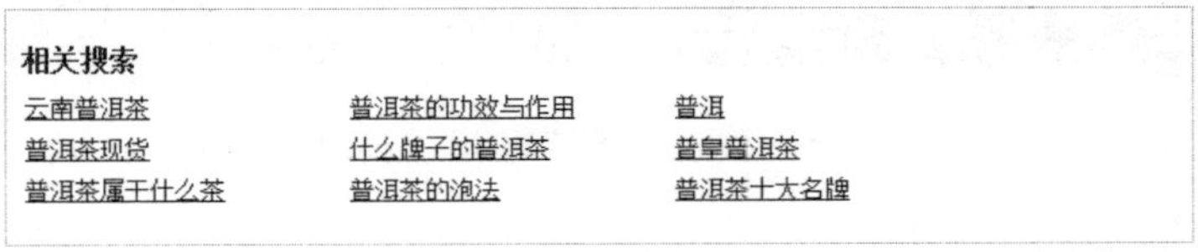

图 4-4　相关搜索页面

利用搜索工具进行分析后可以将“普洱茶”、“普洱茶的泡法”、“普洱茶的功效与作用”、“普洱茶的十大品牌”以及“什么牌子的普洱茶”等作为预选关键词。

进一步挖掘关键词

预选出几个备选关键词后，接下来还需要进一步挖掘关键词，此时我们需要利用“百度指数”工具。

百度指数是以百度海量网民行为数据为基础的数据分享平台。通过百度指数，可以研究关键词搜索趋势、洞察网民需求变化、监测媒体舆情趋势以及定位数字消费者特征。

进入百度指数首页（http://index.baidu.com/），输入关键词，例如输入“普洱茶”，单击“搜索”按钮，如图 4-5 所示。

图 4-5　进入百度指数首页

在打开的页面中，单击“舆情洞察”选项卡，如图 4-6 所示。

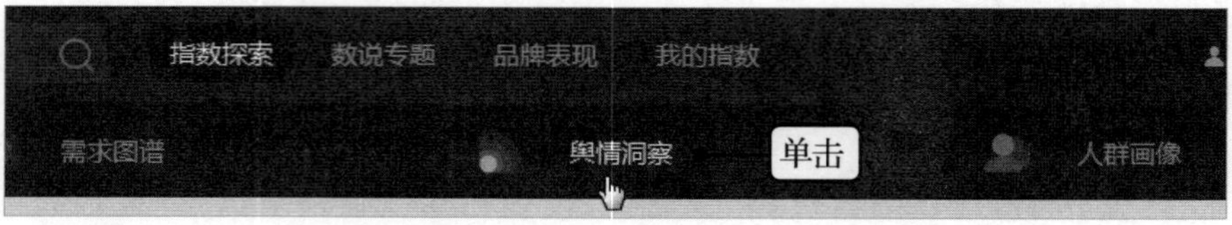

图 4-6 单击“舆情洞察”选项卡

进入舆情洞察页面后，可以找到其他关联词，如图 4-7 所示。

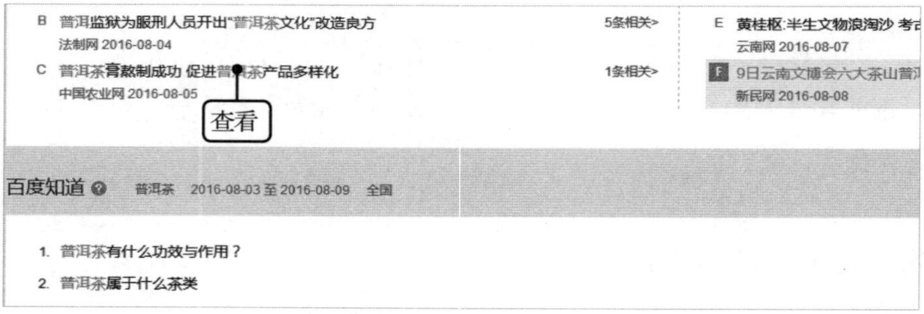

图 4-7 查找关联词

从中我们可以挖掘出“普洱茶文化”、“普洱茶膏”以及“云南普洱茶”等关键词，由此预选的关键词就更加丰富了。利用搜索引擎与百度指数这两个工具不仅可以预选出软文的关键词，还能帮助我们确定软文的一些段落标题。预选出几个目标关键词后，还需要再次利用百度指数来分析这些关键词的热门程度。

进入百度指数首页，输入要查询的关键词，例如输入“普洱茶的泡法”，再单击“搜索”按钮，如图 4-8 所示。

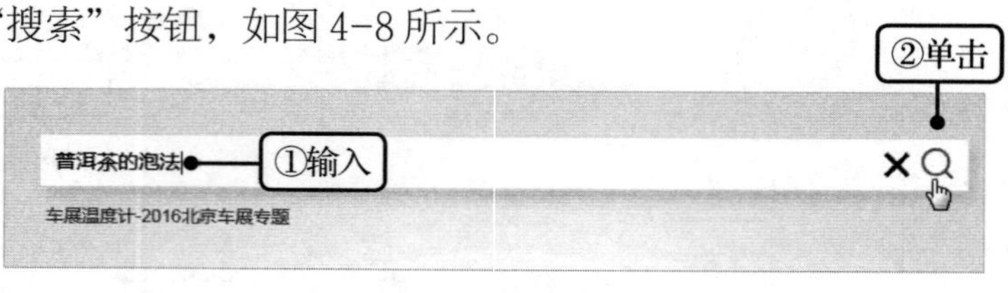

图 4-8 进入百度指数首页

在打开的页面中，单击“添加对比词”按钮，输入对比词，比如输入“普洱茶的功效”，单击“确定”按钮，如图 4-9 所示。

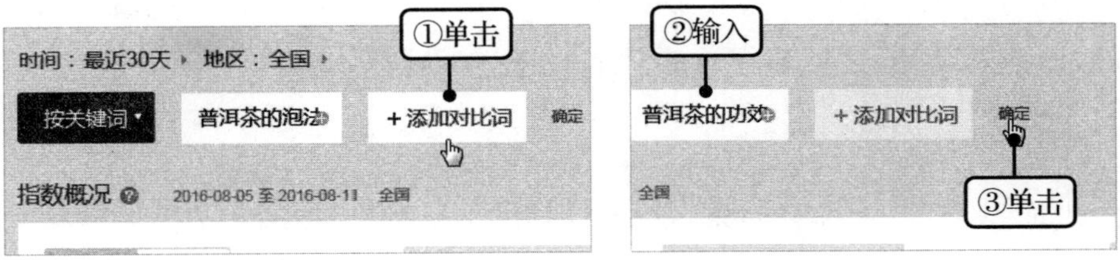

图 4-9　添加对比词

在打开的页面中，可以比较“普洱茶的泡法”和“普洱茶的功效”这两个关键词的搜索指数以及整体指数趋势，如图 4-10 所示为近 30 天搜索指数比较。

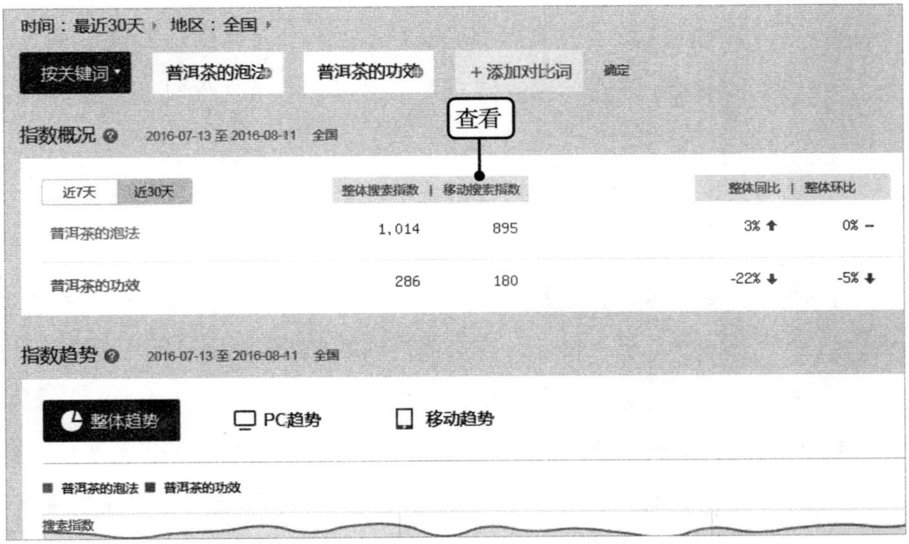

图 4-10　查看对比结果

从上图可以看出，“普洱茶的泡法”近 30 天的搜索指数更高。因此，可以将“普洱茶的泡法”作为备选的一级关键词，而“普洱茶的功效”作为次级关键词。

利用其他工具

除了百度提供的工具能够帮助我们挖掘关键词外，利用其他工具还可以为我们提供更多帮助。下面就来看看这些工具。

（1）词库网

词库网（http://www.ciku5.com/）提供了最新关键词库、热门关键词库、热门关键词预测、声母关键词库、网站关键词库和行业关键词库6种工具。这6种工具分别表示的含义如下所示。

- **最新关键词库：**主要收集最近搜索量比较大的实时热词及近期搜索指数持续攀升的热词，对这些热词进行分析并适当调整，可能会在短时间内带来大量流量。
- **热门关键词库：**主要收集的是搜索量大于一定比率的关键词，这些词优化难度比较高，但是它所带来的流量是很可观的，可通过长尾关键词来带动这些热词。
- **热门关键词预测：**是近期搜索量持续攀升且跨度比较大的关键词，网站流量或者权重的起伏很多受这类词的影响。
- **声母关键词库：**目前声母关键词库支持2～5个声母查询，声母关键词查询可以帮助域名投资者搜集域名所涵盖的搜索量从大到小的关键词，快速定位域名价值。
- **网站关键词库：**收集的词是针对特定域名的有搜索量的百度排名前50名的关键词，提高这些关键词排名即可提高搜索引擎带来的流量。
- **行业关键词库：**收集的是以特定行业分类并且有一定搜索量的关键词，这些词对于做行业门户类网站的站长有很大的参考价值。

对兼具软文撰写和网站推广的站长来说，词库网能帮助站长有效挖掘和分析各种有用的关键词，只要合理地利用就可帮助自己的网站快速提升排名。

（2）爱站网

爱站网（http://www.aizhan.com/）是一家专门针对中文站点提供服务的网站，在爱站网上可以查询网站的百度排名和历史数据，进行友情链接检测以及关键词挖掘。

使用爱站工具包（http://gongju.aizhan.com/），还可以进行不同地区、网站的关键词监控。

在利用工具选取关键词时，不能只关注 PC 端关键词的搜索情况，还要关注移动端的关键词搜索情况。随着智能手机的普及，手机上网的人群也在逐渐增加，公司要进行手机 APP 推广、手机网站推广都离不开软文工具，在针对移动端进行软文营销时，不可忽视移动搜索关键词的挖掘。

挖掘其他网站关键词

网站优化离不开软文和关键词的设置，撰写网站营销软文，在选择关键词时可参考其他网站设置了哪些关键词，以此为参考依据来选择网站营销软文的关键词。

挖掘其他网站的关键词需要借助一些实用的工具，下面就以站长工具为例，看看如何查询其他网站的关键词。

进入站长工具网站的首页（http://tool.chinaz.com/），在“SEO 查询”栏中单击“SEO 综合查询”超链接，如图 4-11 所示。

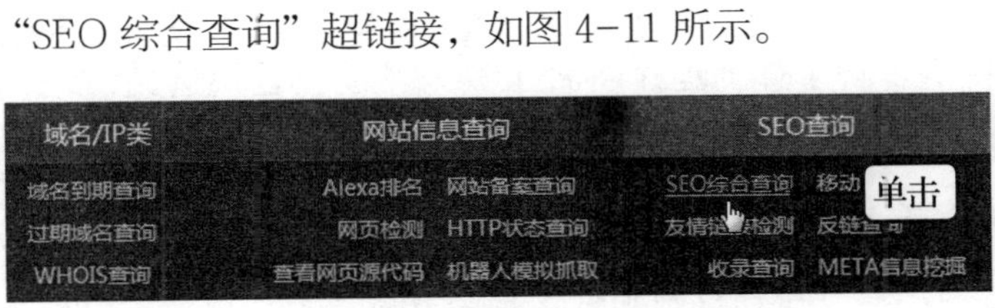

图 4-11 进入站长工具首页

在打开的页面中输入要查询的网站域名，单击“查看分析”按钮，如

图 4-12 所示。

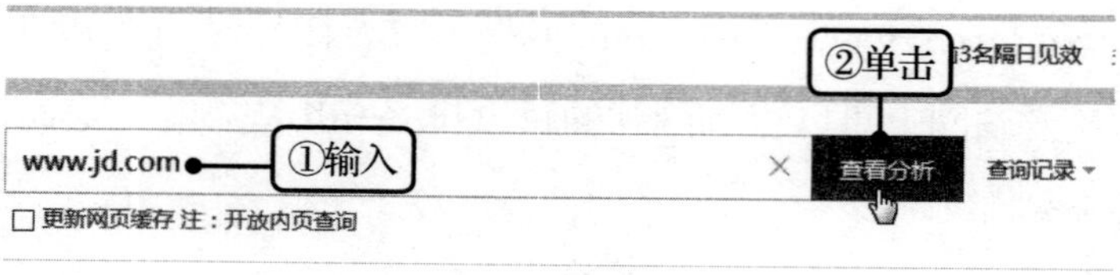

图 4-12　输入网站域名

在页面下方即可查看到该网站使用了哪些关键词，以及关键词的排名状况，如图 4-13 所示。

关键词（KeyWords）	52 个字符	网上购物,网上商城,手机,笔记本,电脑,MP3,CD,VCD,DV,相机,数码,配件,手表,
描述（Description）	86 个字符	京东JD.COM-专业的综合网上购物商城,销售家电、数码通讯、电脑、家居百货、服装服饰、母 优质商品.便捷、诚信的服务，为您提供愉悦的网上购物体验!

关键词	PC指数	移动指数	360指数	本地排名[一键查询]	异地排名[异地排
网上购物	410	411	236	16	16
网上商城	304	193	236	100名以外	100名以外
手机	10906	43506	17913	100名以外	100名以外
笔记本	6395	0	1645	100名以外	100名以外
电脑	2447	4548	3747	98	95

图 4-13　查看查询结果

确定最终关键词的原则

前面我们了解了如何运用各种工具来帮助自己挑选关键词，从挑选出来的关键词中确定最终关键词时，可根据以下原则来选取。

- 确定的最终关键词不能太宽泛，要与营销的主题相关，软文营销的目的不同，所选取的关键词也会有所区别。例如，为产品推广撰写软文，那么关键词可能会围绕产品的优势、特征或功能来选择；如果是为网站推广撰写软文，那么关键词可能会围绕网站的名称、网站提供的服务来选择。

- 关键词不能太“特立独行”，要从用户的角度出发，选择用户可能会搜索的词汇。
- 从关键字热度的角度出发，尽量选择热度较高的关键词。
- 从关键词的竞争角度出发，尽量选择竞争力小的关键词，这样更容易使与该关键词相关的软文排在搜索结果的前面。

对于挑选出来的关键词，要如何才能知晓其在搜索引擎中的竞争力大小呢？我们可以用以下方法来判断。

（1）搜索相关数据

在搜索引擎中输入相关的关键词，查看其搜索量。例如，在百度搜索引擎中搜索“玻璃水杯”关键词，可以得到如图 4-14 所示的结果。

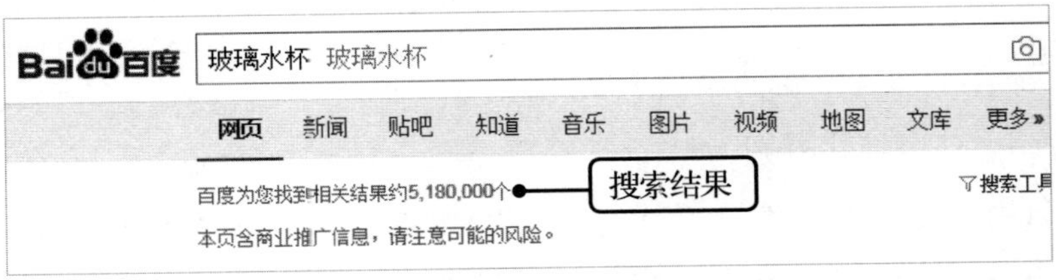

图 4-14　搜索“玻璃水杯”结果

从图 4-14 可以看出，“玻璃水杯”关键词在百度搜索引擎中可以找到约 5180000 个结果，根据以下判断依据可以判断出该关键词的竞争力度。

- 搜索结果 < 200 万，竞争较小。
- 搜索结果 200 万（含）~ 500 万，竞争力中等偏小。
- 搜索结果 500 万（含）~ 2000 万，竞争力中等。
- 搜索结果 2000 万（含）~ 5000 万，竞争力中等偏上。
- 搜索结果≥ 5000 万，竞争力强。

由此可知，“玻璃水杯”关键词的竞争力为中等。

（2）使用 intitle 指令

使用 intitle 指令来看看页面 title（标题）中包含关键词的页面，下面同样以“玻璃水杯”为例，来看看数据结果，如图 4-15 所示。

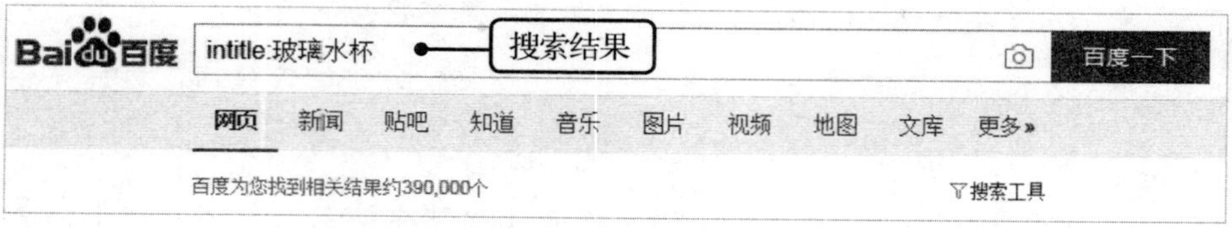

图 4-15　使用 intitle 指令的搜索结果

intitle 是高级搜索指令，通过该指令可以找到更准确的竞争页面，如果关键词只出现在页面可见文字中，而没有出现在 title 中，大部分情况是并没有针对该关键词进行优化，所以也不是有力的竞争对手。

使用 intitle 指令得到的搜索结果的个数越多，表明关键词竞争力越大，反之越小。

（3）利用百度指数

利用百度指数来查看关键词近期的搜索量，搜索量越大，该词的竞争力也会越大。前面我们已经讲解了百度指数的使用方法，这里就不再赘述。

关键词使用有技巧

拥有了需要推广的关键词后，还需要将关键词添加到软文中。在添加关键词时不能为了添加关键词而添加，产品关键词应自然融入，切勿令读者反感。

关键词使用注意这几点

一篇软文，要想起到推广的效果就需要让人知晓，也就是说要有人看。我们在软文载体中发布软文后，如果该载体本身的权重较高，那么我们的软文就有可能出现在搜索引擎中。为了使软文被搜索引擎收录并被用户搜索到，我们需要写好软文，同时还需要合理安排关键词。安排关键词时要注意以下几点。

- **关键词可以转换：**选取目标关键词后，并不代表文章中就一定要以目标关键词的形式出现，有时为了语句通顺，会将目标关键词进行变换，将其换为同义词、近义词或者变换为一种更为贴切的说法。例如，将“关键词选取”转换为“选择关键词”、“关键词设计”等。
- **关键词可以拆分和组合：**较长的关键词词组可以进行拆分，而不同的词汇又可以进行组合，例如“普洱茶的功效和作用”可拆分为“普洱茶的功效”和“普洱茶的作用”。又例如“女装”、“韩版”和“上新”就可组合成“韩版女装上新”这一词汇。
- **选择最佳关键词：**在选取关键词时我们都会列出几个，甚至十几个关键词，在最终使用时我们要选择最佳的关键词，最佳的关键词是能体现产品特性或公司品牌的。
- **关键词可参考：**在找不到适合的关键词时，可以进入竞争对手的网站、行业门户网站或其他媒体平台，看看同行竞争对手的软文中出现了哪些与产品或服务相关的关键词，有时会获得灵感，注意他人的关键词要处理以后再使用。

如何在软文中布局关键词

高质量的软文并不是指辞藻优美的文章，而是指原创的、关键词布局合理的文章，要做到关键词的合理布局可以参考以下几点。

（1）标题中最好出现关键词

对网络营销来说，标题中出现关键词能大大提高被搜索到的概率，这是因为搜索引擎在抓取软文时，首先抓取的是标题，其次才是内容。如果软文标题中出现了用户搜索的词汇，那么这篇软文就很有可能出现在用户眼前。

软文标题出现在了用户眼前，并不代表用户就会点击进入，标题只有打动了用户才有可能被点击。因此，在标题中插入关键词的同时不要忘记做个“标题党”。

（2）布局要错落有致

关键词的布局要错落有致，不可在某一段落中植入太多关键词，假设一个段落只有300个字，那么在这300字中关键词的植入最好不要超过两个。另外，如果正文的首段就出现了关键词，那么此时的关键词保持在1～2个便可，太多就会有堆砌的嫌疑。

在文章的第2～3段可以适当增加关键词，这两段内容常常会涉及论点的阐述，同时也比较容易植入关键词。

在接下来的两段内容中，关键词就要减少，最后一段通常是对文章的总结，在总结的内容中可以适当增加关键词。如果前面几段内容没有植入关键词，那么在最后一段中就更要植入关键词了。

最适合放关键词的位置

在一篇软文正文中，关键词的个数可能不止一个，而每一个关键词出现的次数也会不同，关键词可以出现在软文的任意位置，包括开头、中间和结尾。一般来说，关键词位于开头和结尾较好，这是因为读者在阅读一篇文章时常常对开头和结尾两部分内容印象更加深刻。下面来看一篇在开头植入产品关键词的软文。

故事借鉴

标题：全球运动会都来了，你还没升级吗？

热情的桑巴、上帝之城，

“全球运动会”都如期而至了，

而你却还没升级它！！

啥？招商银行手机银行 4.2.1 版本，

咦？升级有啥新玩意吗？

招行支持通过手机银行直接向 Apple pay 添加银行卡啦！

在该软文的开头部分中，就可以看到“招商银行手机银行”这一产品关键词的植入，说明了软文营销的目的。而相比招商银行另一篇关于手机银行推广的软文，产品关键词的植入则在文章的结尾。

故事借鉴

标题：这真是个悲伤的故事～

准确来说，我和小王是非常直接的竞争关系。我们的目标都是成为小丽的“男朋友”。

小丽是谁？就是公司设计部新来的 90 后妹子。在小丽刚进公司的第二天，我就被小丽甜美的笑容、婀娜的身材所吸引，据我所知，小王几乎和我同时对小丽产生了好感。

在该软文的开头部分我们并没有看到相关产品的关键词植入，直到阅读到文章的末尾才看到产品关键词。

“听说小王买了车？真的假的？他哪来的钱，他的工资不和我一个水平吗？”

“嗯。”

“嘿，问你话呢！”

“嗯，理财啊哥们！不理哪来的钱买车？”老王终于抬头瞟了我一眼。

“理啥？理财？”

“哎呀，你真土。开源节流，致富之本。就从简单的来说吧，你得把你的收入和支出管理清楚。”

一向木讷的老王竟也能头头是道起来。“那得多麻烦啊？我哪有那份闲工夫！”

“不然怎么说你土呢？你还不知道吧，现在大家都在使用招行APP的收支纪录功能，钱花在哪儿了，怎么浪费的通通看个明白！招行APP的收支记录，不仅能查看一段时间内的开销，还能按照分类来！”

老王说着把他的宝贝手机递给我看。“你看，购物、交通、餐饮、娱乐……分类相当细致，而且还能快速找到存不下钱的根本原因！你们年轻人啊，实在太需要了！”

软文的关键词不管是出现在正文的哪个位置，都要做到自然融入，不可刻意堆积关键词。介绍“关键词”时要行文简洁，在点明优势的同时取得读者信任。

第5章
微博和微信软文如何写

截至 2017 年 6 月，新浪微博月活跃用户 3.61 亿，而截至 2017 年 6 月 30 日，微信月活跃用户 9.63 亿。由此可见，微博和微信都是我们进行软文营销的重要载体，这两个载体有其独特的特点，因此两个载体的软文写作风格也会有所差别。

这样写微博软文才有效

微博具有快速分享、交流的功能，随着微博用户的逐渐增加，不少商业纷纷开通微博进行微博营销。其中，最为引人注目的是杜蕾斯微博软文营销。

杜蕾斯通过微博平台撰写创意软文并结合时事热点，制造了一个又一个经典的微博软文，杜蕾斯品牌也通过微博软文获得了广泛的传播和曝光，官方微博也成了人们茶余饭后的谈资。杜蕾斯的微博营销可以给我们启示：想做好微博营销，微博软文的内容起着非常重要的作用。

微博软文如何吸粉

微博软文营销是在微博平台上进行营销，它具有以下特点。

- 发布门槛低，覆盖面广，传播速度快。
- 营销效果较好，针对性强。
- 展示方式多样化，可使品牌拟人化，具有亲和力。
- 微博信息支持互动，利于维护客户关系。
- 在微博上发布软文方便快捷，只需简单的构思就可完成信息的发布。

在微博中，粉丝量的多少可以反映出该微博账号受欢迎的程度。对于公司来说，要进行微博营销首先需要众多的微博粉丝。每一位微博粉丝都可能是潜在客户，通过微博提供给粉丝有价值的信息，可以把潜在客户变为忠实客户。

在微博用户还没有成为某公司微博账号的粉丝前，他们可以通过他人的转发、热门推荐、热门话题及微博搜索等渠道查看公司的微博信息，从而关注公司微博，成为粉丝。如图 5-1 所示为微博热门推荐页面。

图 5-1　微博热门推荐页面

一篇有价值的微博软文在微博上可以获得广泛的传播，而微博软文的传播可以为我们吸引大量的粉丝。

在微博运营的初期，由于粉丝较少，微博软文的关注度、传播范围也会较低，此时可采用其他方法来获得粉丝。具体方法如下。

- **关注他人：**对于一个零粉丝的微博账号来说，在账户建立初期只有主动去关注他人才有可能获得他人的关注。
- **其他平台传播：**在公司网站、博客、QQ 空间以及其他宣传平台上，写明微博地址，利用其他平台传播微博。
- **评论他人：**关注他人以后还要适当对他人发布的微博进行评论，这样才能得到他人的关注。
- **互粉：**利用互粉微群、互粉应用可以快速获得粉丝。

在利用上述方法获得粉丝的基础上，我们还需要坚持发布微博信息，进行微博内容的传播，不让关注者对我们的微博失去兴趣，微博信息的转发和评论也会提高微博账户的关注度，这样在留住旧粉丝的同时还能增加新的粉丝。

在微博中发布的信息如果全是硬性广告，那么是吸引不了多少粉丝的。

因此，在微博中发布的广告一定要软，才有可能获得他人转发和评论，从而产生“滚雪球”的效应。

聊一聊当前热门话题

微博是一个社交媒体，在微博中传播的软文要获得更多的关注就要学会借势。

在新浪微博中发布的数以亿计的信息中，许多信息都带有“#××××#”标志，这样的标志表示发送的信息是微博话题。如图 5-2 所示为带有微博话题的微博内容。

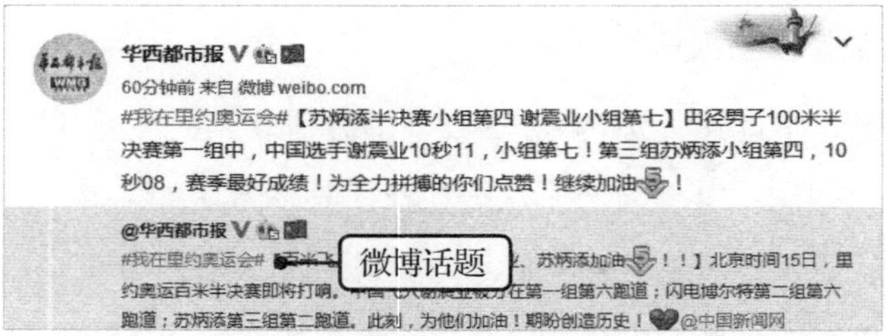

图 5-2　带有微博话题的微博内容

微博话题中每天都会产生“热门话题榜”，它体现了微博用户的关注点，借助热门微博话题造势，会使软文得到微博用户的广泛关注和参与。如图 5-3 所示为微博热门话题榜。

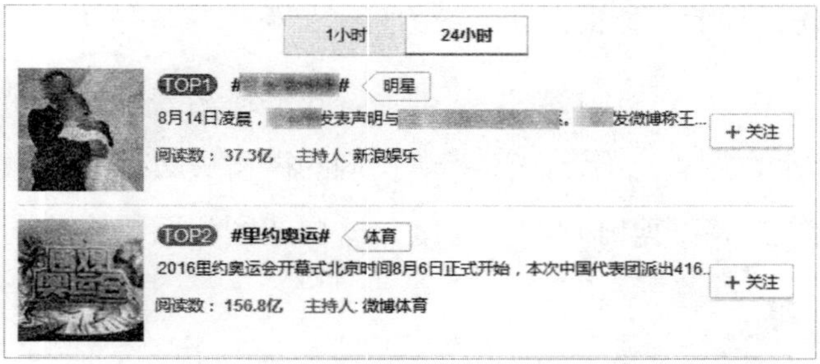

图 5-3　微博热门话题榜

另外，我们也可以成为热门话题的创造者。软文撰写者可以自己策划与公司或产品相关的微博话题，让他人参与进来，提高产品或公司的曝光度。如果自己创造的话题能够登上热门话题榜，那么将大大提高微博账户的知名度和影响力。如图 5-4 所示为投哪网发布的与公司相关的微博话题内容。

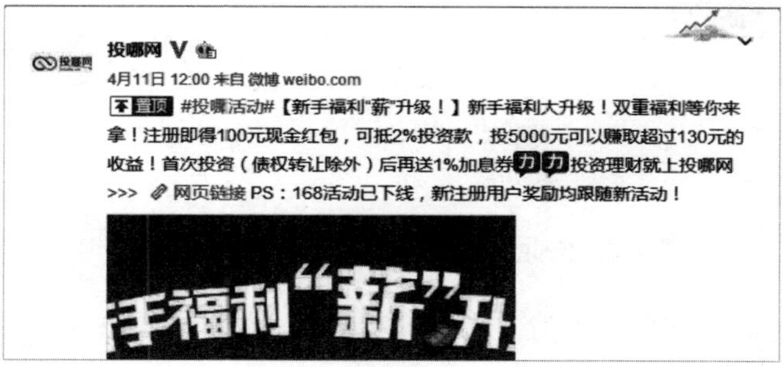

图 5-4　投哪网微博话题内容

在选择微博话题撰写软文时，要看看自己营销的产品植入到哪个话题更合适，微博话题涉及的领域很广泛，包括社会、科技或情感等。软文撰写者可以选择自己擅长的领域进行微博话题的软文营销。

恰当地使用“@”

发微博或评论时使用“@”，可以让朋友看到你的消息，被“@”的人会在登录微博时收到提醒，这样可以引起被“@”人的关注，同时还能加强微博发布的针对性。如图 5-5 所示为在微博中“@”他人。

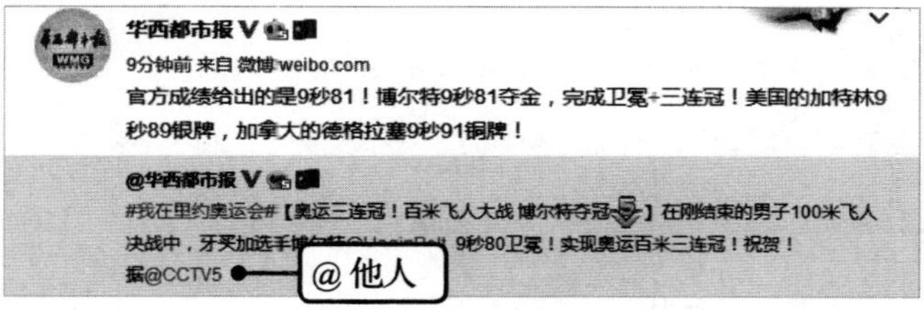

图 5-5　在微博中 @ 他人

在微博软文中恰当地使用“@”，可以实现与用户之间的互动。借他人之手进行微博软文营销时，利用“@”还能引起他人的关注。如图 5-6 所示为微博软文中借他人之手使用“@”进行营销。

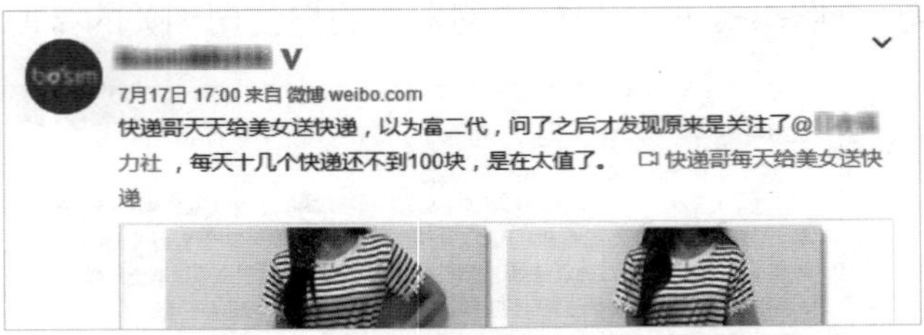

图 5-6　借他人之手使用“@”进行软文营销

微博中的“@”符号除了可以 @ 他人外，还可以 @ 自己，让自己的微博账户引起他人关注。如图 5-7 所示为“@”自己。

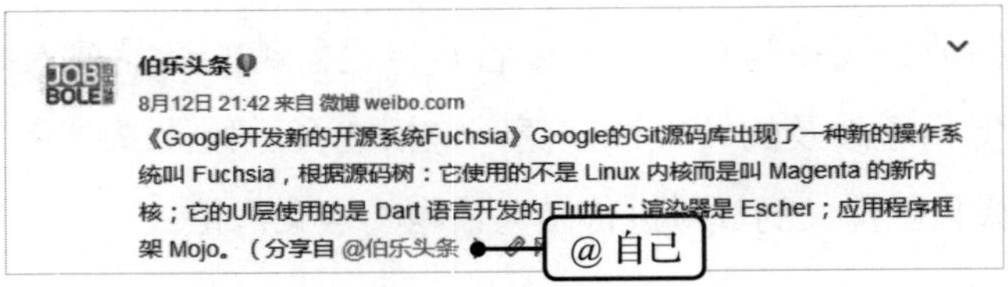

图 5-7　在微博中“@”自己

了解了微博中“@”的各种用法后，在撰写微博软文时就可以适当地加入“@”，让自己的软文引起指定用户的关注。

视频、图片相结合

在微博中发布的内容是有字数限制的，微博规定在微博中发布的文字不能超过 140 个字。因此，在微博中发布的软文字数也不能超过 140 字。

如果此次发布的软文字数超过了 140 字，导致不能在微博中用文字进行展示，那么可以采用发布长图的方式来展示。在微博中用长图的方式进行软文营销也是很常见的一种方式，如图 5-8 所示为微博长图。

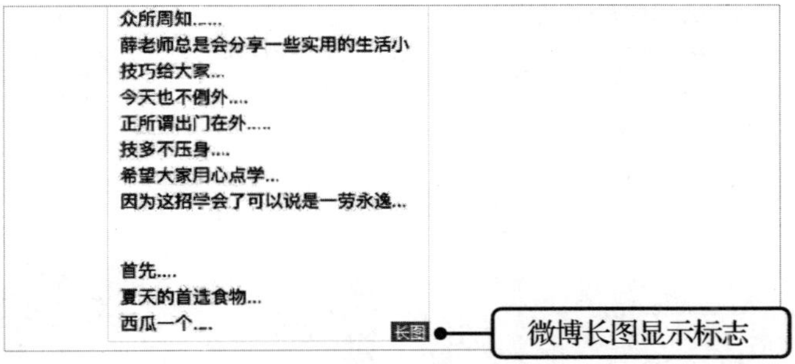

图 5-8　微博长图

利用微博长图可以展示多张图片和长串文字，下面就来看看如何在微博中通过长图的方式进行软文展示。

首先，需要将编辑好的软文转换为图片格式，现在我们就来看看如何将软文转换为图片。

打开要转换为图片的软文，按【Ctrl+C】组合键将其全部复制，选择“编辑”菜单项中的“选择性粘贴”命令，如图 5-9 所示。

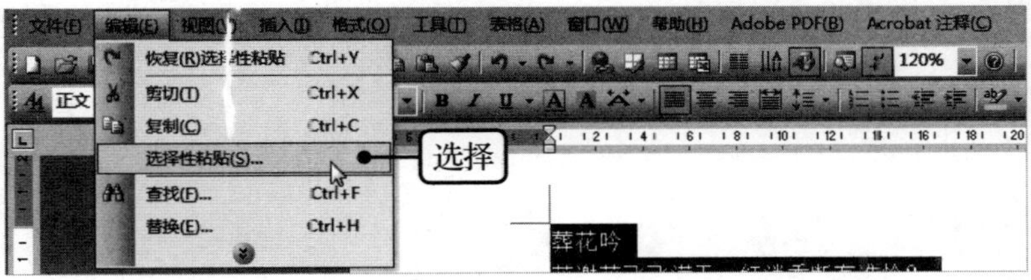

图 5-9　复制软文

在打开的“选择性粘贴”对话框中选择“图片（增强型图元文件）”选项，单击“确定”按钮，如图 5-10 所示。

图 5-10　粘贴为图片格式

此时，可以发现文章内容变为了图片，使用裁剪工具将不需要的部分裁剪掉，选择该图片并按【Ctrl+C】组合键复制图片，按【Ctrl+V】组合键将其粘贴到QQ聊天对话框中，在QQ聊天对话框中选择该图片，按【Ctrl+X】组合键剪切图片，在电脑桌面上按【Ctrl+V】键将其粘贴，如图5-11所示。

图5-11　将Word文档中的图片存储在电脑中

此时，我们便拥有了一张长图。登录微博账号，在微博内容发送页面中单击“图片”按钮，即可选择以图片形式发送微博信息，如图5-12所示。

图5-12　发送微博图片

除了上述方法外，使用长微博生成工具也可以快速将文本内容生成微博长图。下面就来看看微博长图是如何生成的。

进入长微博首页（http://www.changweibo.com/），输入内容并进行排版整理，完成后单击“生成长微博”按钮，如图5-13所示。

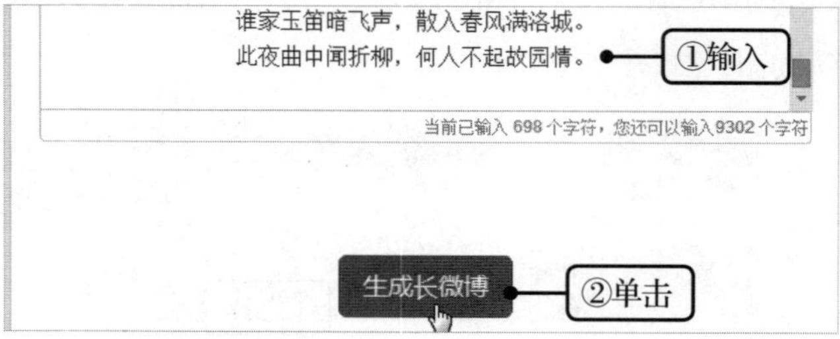

图5-13　制作长微博

微博长图生成成功后，单击“下载图片”超链接即可将微博长图下载到电脑中，如图 5-14 所示。

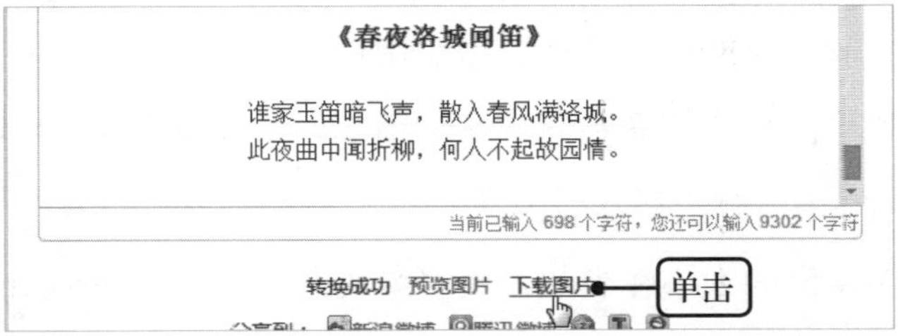

图 5-14　下载图片

在微博中除了可以利用长图进行软文营销外，还可以将软文与视频相搭配，采用文字与视频相结合的方式进行营销，如图 5-15 所示为视频搭配文字的展示方式。

图 5-15　视频搭配文字的微博展示方式

写一篇好的微信软文

微信营销是伴随着微信而兴起的一种营销方式，微信海量的用户也为我们进行营销提供了有利条件。进行微信营销离不开软文，微信软文的魅力在于它能牢牢抓住粉丝，同时也能提升销售业绩。

微商软文写作方法

在许多微信用户的眼中，微商似乎就是“刷屏广告”，让朋友圈成为了广告天堂。微商之所以会给部分微信用户留下这样不太好的印象，是因为他们只懂发产品广告，而不懂软文营销。如果微商能够利用软文进行产品推广，那么将大大减少他人的反感度。

目前，做微商的人不在少数，使得微商之间的竞争在加剧，再加上微商销售的产品大多不是知名品牌。因此，要想他人购买自己的产品，首先就要取得他人的信任，而软文则是取得他人信任的利器。

对于新手微商来说，如果文字功底本身就不是特别好，那么要撰写出一篇原创软文可能会比较困难。微商进行产品推广大多都是在微信朋友圈中进行，由于不存在搜索引擎搜索，不必考虑文章是否要符合搜索引擎的抓取习惯，因此可以撰写“伪原创”软文，这样即使文字功底较弱也能写出不错的软文。下面就来看看如何撰写“伪原创”软文。

（1）找文章，改标题

在撰写“伪原创”软文前，需要去收集几篇与所写内容相关的软文，这些文章在微信公众号、博客及微博等平台上都可轻易找到，对于收集到的文章需要整理放在不同的文档中便于使用。

我们收集到的每一篇软文都有一个标题，此时我们需要将收集的标题进行概括，从而创作出自己的“伪原创”标题。例如，要为护肤品产品撰写一篇软文，经过收集整理，可以得到以下标题。

新手化妆要怎么起步？超全教程送给你

这些让你越吃越白的食物可不能挑剔哦

教你如何挑选适合的护肤品

好用任性！这个夏天必败的白菜护肤品

作为未来贵妇，这些护肤品你要了解

入秋后护肤侧重点应该是美白

接下来，我们需要使用前面已经了解的标题设计“套路”来创作一个吸引人的标题，根据上述的标题可以创作出以下标题。

测一测，你的护肤步骤做对了么（悬念式）

越吃越白的秘诀（探索发现式）

5 步教你挑选护肤品（数字式）

新手护肤超全教程（经验教程式）

送你入秋后的护肤美白技巧（利益诱惑式）

通过标题的“伪原创”更改，我们发现标题变得有所不同，但同样也能吸引有护肤需求的用户。

（2）改内容

在创作正文前，我们需要从创作的标题中选择一个标题，以确定文章的主题，例如我们这里选择“越吃越白的秘诀”这个标题。选择出这个标题后，我们需要找到收集的与该标题相关的文章，看看文章的内容是什么。

对于文章的首段和尾段需要我们自己进行原创，文章中间的内容才是我们进行“伪原创”的内容。

文章中间内容的创作可以在相关文章的基础上进行改编组合，例如“这些让你越吃越白的食物可不能挑剔哦”这篇文章的中间部分有以下内容。

故事借鉴

1. 黄瓜

这个应该是公认的美白食物了，很多姑娘除了吃还会拿来敷脸。黄瓜含有大量的维生素和游离氨基酸，还有丰富的果酸，能清洁美白肌肤，消除晒伤和雀斑，缓解皮肤过敏，是传统的养颜圣品。

2. 白萝卜

中医认为，白萝卜可“利五脏，令人白净肌肉”。白萝卜之所以具有这种功能，是由于其含有丰富的维生素 C。维生素 C 为抗氧化剂，能抑制黑色素合成，阻止脂肪氧化，防止脂褐质沉积。因此，常食白萝卜可使皮肤白净细腻。

3. 哈密瓜

哈密瓜中含有丰富的维生素 C 及抗氧化剂，经常吃可以起到抗氧化的作用，清除自由基，皮肤自然就会变得白皙。

从上述内容可以看出，将段落进行调换并不会给读者阅读造成多大阻碍，因此我们可以进行段落的调换，在此基础上再进行自己的语言加工。

对于段落顺序打乱以后会影响读者阅读的文章来说，就不能使用段落顺序打乱的方法，而要采用词意转换的方法，用自己的语言将文章所要表达的意思阐述下来，例如以下内容。

故事借鉴

很多姑娘对于眼部护理一点都不重视，认为自己毕竟还年轻，眼睛不会有什么问题呀！那些用眼霜的都是 30 岁以上的“老菇凉”。

妹纸，这样想你就错了。

要知道眼睛是心灵的窗户，一个人美不美先看眼睛，如果眼睛的肌肤有皱纹，那这个人的年龄就暴露无遗。长得再美，也只会显得很老气。

眼睛周围的肌肤比其他部位的肌肤要薄嫩，不护理久而久之眼部问题会越来越凸显。眼睛周围一般会出现眼褶纹、鱼尾纹、黑眼圈或眼底凹痕等，而这些问题也各有形成的原因。

眼褶纹是因为平时喜欢揉眼睛造成的，所以平时要少揉眼睛。鱼尾纹是因为大笑或者眯眼造成的，而黑眼圈则是由熬夜造成的，平时杜绝熬夜就会有所改善。

上述内容可如果进行段落调换就会对读者阅读形成阻碍，这时可将原文中的词语换成意思相近的词语，从而得到一篇新的文章，比如以下内容。

眼睛是心灵的窗户，但许多年轻的姑娘常常忽视眼部的护理，认为眼霜是 30 岁以上的“老菇凉”的专利。

这样的想法大错特错！

暴露人年龄的往往是眼睛，眼角如果有皱纹会让你瞬间老几岁，看上去老气横秋。眼睛周围的肌肤比较脆弱，如果不护理，眼褶纹、鱼尾纹、黑眼圈或眼底凹痕等都会出现在眼周。

眼褶纹的罪魁祸首是“揉眼睛”，因此要少揉眼睛。而鱼尾纹则是大笑或眯眼导致的，熬夜会产生黑眼圈，少熬夜可改善黑眼圈。

经过上述的修改，我们可以看出原文意思并没有改变，但内容又有所不同，由此我们便得到了软文的中间部分内容。

（3）首尾段

软文中间部分内容撰写完成后，就需要完成最后的首尾段创作了，首尾段的内容需要用自己的话来进行阐述。在阐述时可以运用前面讲到的软文正文和结尾的创作方法来进行撰写。

要点提示

对于新手微商来说可以采用“伪原创”方法撰写软文，但随着撰写经验的积累，要逐渐尝试自己撰写原创文章，并提高自己的软文写作能力，这样才是长久发展之道，不能一直依靠“伪原创”。

微商写软文的常用软件

微商进行软文营销，在介绍产品时仅仅使用文字描述会使产品没有说服力，而如果采用图文结合的方式就会使效果完全不同，图片推广也是微商进行软文营销的常用方法。

插入到软文中的图片需要进行裁剪、处理后才能使用。下面就来看几个简单实用的图片处理工具。

（1）美图秀秀

美图秀秀是一款方便好用的图片处理工具，有电脑版和手机版，提供的功能有图片特效、美容、拼图、场景、边框和饰品等。如图 5-16 所示为美图秀秀网页版修图界面。

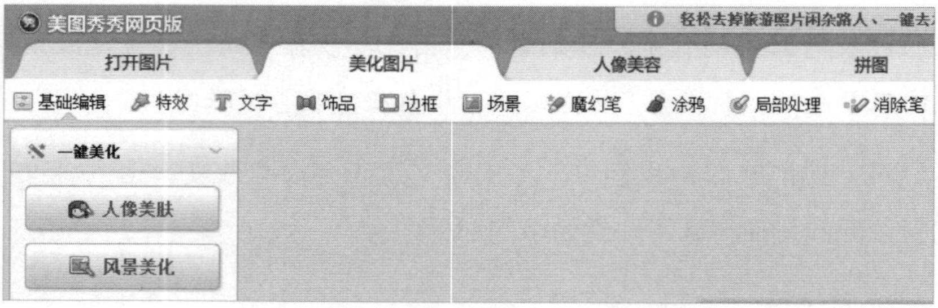

图 5-16　美图秀秀网页版修图界面

（2）黄油相机

对微商来说为图片添加文字是常做的事，黄油相机是一款摄影与录像类手机软件，它更适合为图片添加中文字体。黄油相机与国内众多字库和独立字体设计师合作，陆续推出近百款正版中文字体。

在黄油相机官网（http://www.bybutter.com/）中即可下载不同版本的手机 APP，如图 5-17 所示为黄油相机官网的下载页面。

图 5-17　黄油相机官网的下载页面

（3）随手写

大多数微商都是通过手机进行软文营销，为了方便在手机上撰写软文，可以直接下载手机写作软件。

随手记是一款简单的记事本软件，它专为手机和平板电脑设计，具有独特的手写键盘混排技术，用户可以按笔记本、标签或书签等方式整理自己的笔记。另外，日历、闹钟及代办事项等功能可以帮助用户管理时间。

如何让朋友圈软文得到转发

作为一名微商，如果只懂刷屏，那么你的客户只会不断流失。如今在微信朋友圈中以集赞、转发活动进行营销的方式已经屡见不鲜了，如图 5-18 所示。

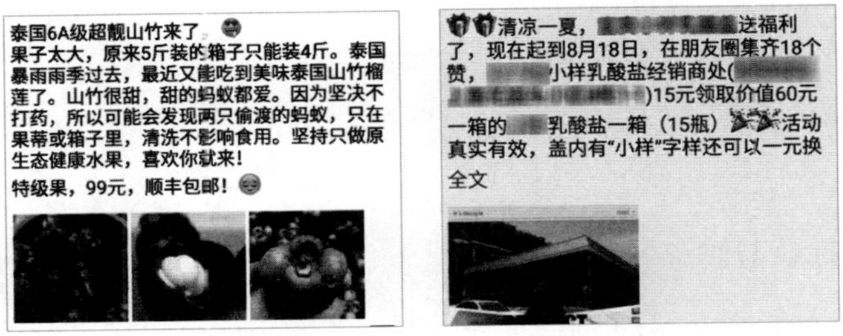

图 5-18　微信朋友圈营销方式

集赞、转发朋友圈并截图这两种方式，是微信朋友圈中比较常用的营销方式，这两种方式通过给予消费者一定的好处而获得转发，我们可以称这种营销方式为诱惑分享。

我们这里要讲述的不是上述这种营销方式，而是如何利用软文营销让他人心甘情愿地转发。下面来看看在微信朋友圈常被转载的文章有哪些。

- **心灵鸡汤：**能够感染他人情绪，引起情感共鸣的“鸡汤文”是比较受朋友圈欢迎的。在生活中，人们总会遇到许多不如意的事，而“心灵鸡汤”大多是励志、暖心和传递正能量的文章，它能给人以鼓励，因此深受大家欢迎。
- **表明职业身份：**每个人都有自己擅长的领域，为了体现个人的身份，表现个人的专业，人们会转发带有个人“职业标识”的文章，以表明个人所属的群体或身份。
- **实用性文章：**在朋友圈能够为他人提供帮助的文章也常常容易被转发，这是因为分享此类文章能让分享者感到帮助了他人。
- **引发笑点：**搞笑、有趣的文章也在朋友圈备受欢迎，人们都喜欢分享自己的快乐，因此能够引发笑点的文章也常常被广泛转发。

了解了朋友圈常被转发的文章类型后，我们在朋友圈撰写软文时就可以从以上角度出发，让目标受众感到这篇文章值得被他人转载。

微信公众号软文的特点

微信公众号中的文章是通过微信公众平台后台发送的，在微信公众号中发布的文章有着独特的特点，主要由三大板块构成。

（1）标题与作者

公众号中的文章标题为左对齐，在标题的下面会显示文章的发布时间以及文章的作者名称（通常为公众号名称），如图 5-19 所示。

图 5-19　标题与作者

（2）正文

标题与作者下面的内容便是正文，公众号中的正文内容表现形式非常丰富，可以是文字、音乐、图片或视频等。如图 5-20 所示。

图 5-20　公众号正文内容

微信公众号正文的展现方式之所以如此丰富，主要是因为微信公众平台为用户提供了丰富的多媒体展示方式，如图 5-21 所示为微信公众平台微信内容编辑页面支持的多媒体发送形式。

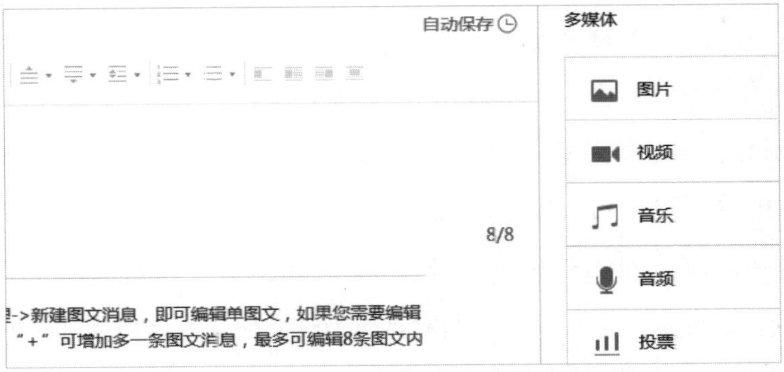

图 5-21　微信公众平台支持的多媒体发送形式

（3）结尾

在微信公众号中发布的文章结尾都有“阅读原文”标志，通过点击“阅读原文”用户可以进入该链接所指向的页面，这个页面可以是公司官网网站，也可以是产品的购买地址等。如图 5-22 所示。

图 5-22　微信公众号内容结尾部分

微信公众号软文三大板块

在微信中发布的软文，不仅仅是用文字来影响他人，还会使用图片、视频和音频等。为了让微信营销软文具备强劲的销售力，我们需要了解微信公众号内容的发布规则。我们这里将公众号内容的发布规则分为三大板块，看看不同板块的具体内容。

（1）图片上传规则

微信支持在正文和封面页中上传图片，上传图片时一定要注意图片的尺寸，否则会使图片看起来不太美观，封面页大图建议尺寸为 900 像素 ×500 像素，小图建议尺寸为 200 像素 ×200 像素。

封面和正文的图片都支持上传 bmp、png、jpeg、jpg 和 gif 格式，在正文内容中插入的图片可长可短，但注意正文图片的大小不能超过 5M。

公众号中发布的营销软文有时是以长图的形式来进行展示，没有太多文字，而以短图形式出现时，短图常常作为辅助配图或者作为产品展示图，起着丰富软文内容的作用。图片展示方式的不同，使得微信软文的风格也会有所不同，如图 5-23 所示。

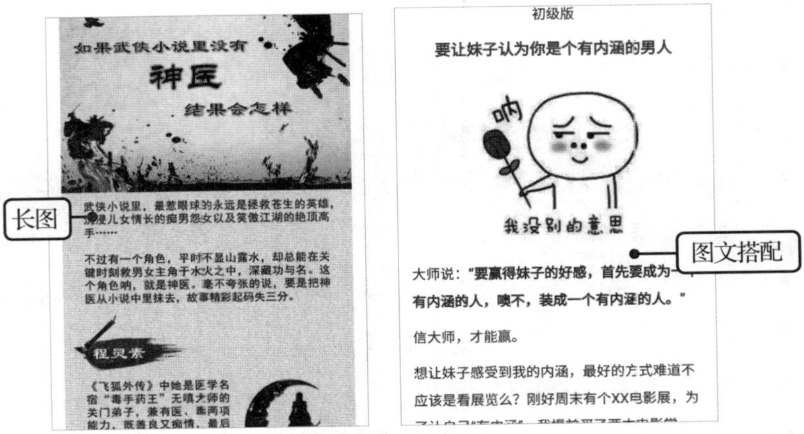

图 5-23　图片的不同展示方式

在公众号中安排图片时，要根据文章内容选择合适的展示方式，如果是以漫画的形式进行软文营销，那么可以使用长图；如果文字较多，可以采用文字中穿插短图的方式进行展示。

（2）注意视频大小

在公众号中发布视频要注意视频的大小，视频不能超过 20M，超过 20M 的视频可在腾讯视频中上传，然后添加。另外，对于视频的时长也有一定限制，视频时长不能小于 1 秒或大于 10 个小时，否则不能被转码成功。目前，视频支持以下格式。

- 常见在线流媒体格式：mp4、flv、f4v 和 webm。
- 移动设备格式：m4v、mov、3gp 和 3g2。
- Realplayer：rm 和 rmvb。
- 微软格式：wmv、avi 和 asf。
- MPEG 视频：mpg、mpeg、mpe 和 ts。
- DV 格式：div、dv 和 asf。
- 其他格式：yob、dat、mkv、swf、lavf、cpk、dirac、ram、qt、fli、

lic 和 mod。

- 主流音频格式：mp3、aac、ac3、wav、m4a 和 ogg。

同时，在公众号中上传的视频，不得含有以下内容。

- 违反国家法律、危害国家安全统一、社会稳定、公序良俗、社会公德以及侮辱、诽谤、淫秽或含有任何性或性暗示的、暴力的内容。
- 侵害他人名誉权、肖像权、知识产权及商业秘密等合法权利的内容。
- 涉及他人隐私、个人信息或资料的。
- 骚扰、广告信息及垃圾信息。
- 其他违反法律法规、政策及公序良俗、社会公德或干扰视频正常运营和侵犯其他用户或第三方合法权益内容的信息。
- 其他视频网站、境外电视台、境外制作公司的台标或者是 logo。

（3）上传语音要求和发送次数限制

微信语音虽然不是文字，但可以将其添加到正文中，上传语音要求格式为 mp3、wma、wav 和 amr，文件大小不超过 30M，语音时长不超过 30 分钟。

微信公众号分为服务号和订阅号，这两种公众号对于文章发布次数的限制条件是不同的，订阅号每天可以推送一条，而服务号每月可推送 4 条。

使用微信软文编辑器

在微信公众平台发布软文，正文中的排版需要软文撰写者自行进行安排。为了减少微信软文正文的排版时间，我们可以利用微信软文编辑器来撰写软文，使得软文撰写更加方便、快捷。

新榜编辑器是新榜出品的微信编辑器，它提供了多种编辑样式，用户可自由进行选择。如图 5-24 所示为样式选择页面。

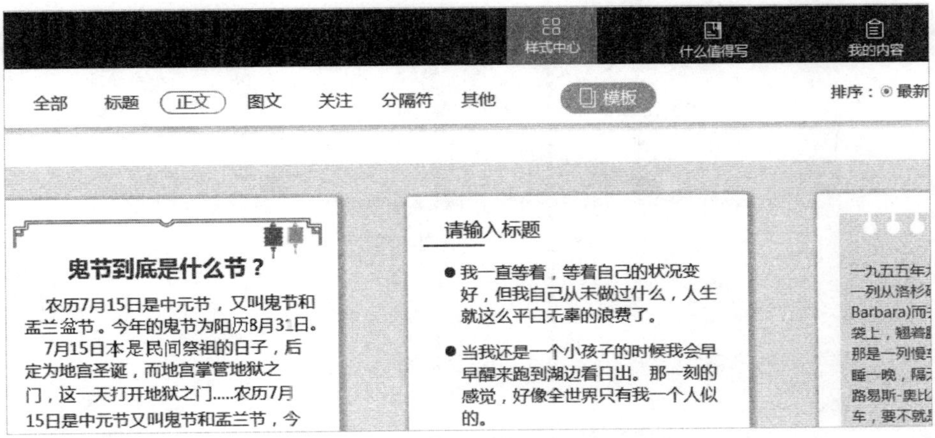

图 5-24　新榜编辑器中的样式选择页面

除了海量样式可以选择外，我们还可以在其中了解到什么样的内容值得写，帮助我们确定微信文章的主题，如图 5-25 所示为微信热门文章显示页面。

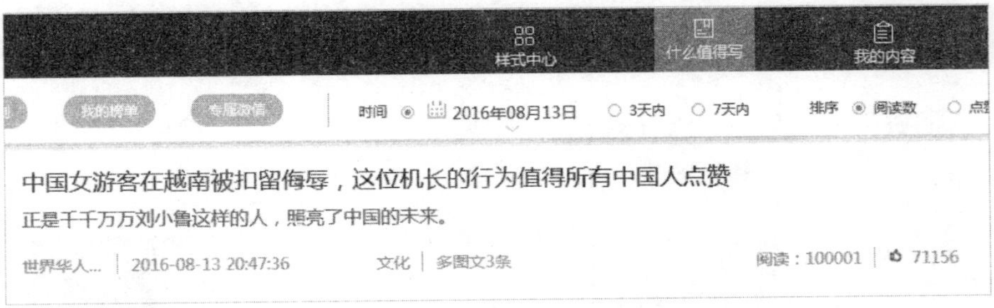

图 5-25　热门微信文章统计页面

上述的两个工具对软文撰写者来说非常实用，下面我们就来看看如何利用新榜编辑器编辑微信文章。

进入新榜首页（http://www.newrank.cn/），单击“新榜编辑器”按钮，如图 5-26 所示。

图 5-26　进入新榜首页

进入新榜编辑器页面，根据当前模板输入相关内容，单击页面左侧“主题色”栏旁的“颜色”按钮，可以更换主题色，如图 5-27 所示。

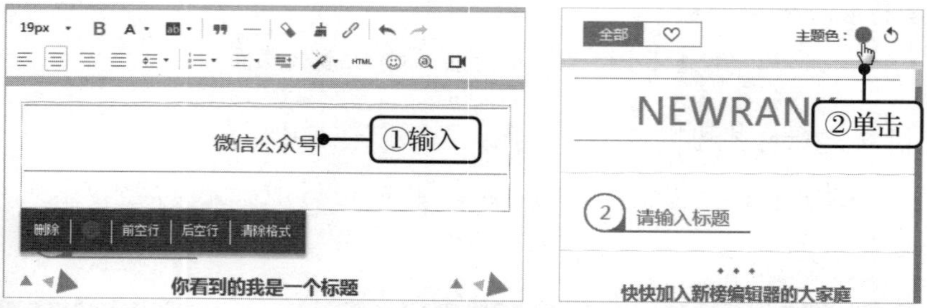

图 5-27　输入内容并更换主题色

内容输入完成后，还可以单击“预览”按钮进行内容的预览，如图 5-28 所示。

图 5-28　进行内容预览

利用工具只能让我们编辑微信软文时更加快捷，微信营销软文最终是否能实现营销目的，取得良好的营销效果，最关键的还是内容。相信软文撰写者在掌握前面的标题和正文的写作手法的同时，再利用各种工具基本可以撰写出一篇好的微信软文。

第6章 百度、论坛及其他平台软文写作

各种各样的网络平台为我们进行软文营销提供了多元化的渠道，不同的网络平台有着各自的特点。因此，在不同平台上进行软文营销的做法是不同的，下面我们就来看看在百度、论坛、博客以及电子邮件等平台上如何进行软文写作与软文营销。

如何在百度平台写软文

在互联网上，许多免费的平台都是我们进行软文营销的重要载体。其中，百度就为我们提供了许多软文推广平台，包括百度百科、百度文库和百度经验等。

百度百科软文写作有要求

百度百科是百度公司推出的一个内容开放、自由的网络百科全书平台。截至 2016 年 4 月，百度百科已经收录了超过 1300 万的词条，参与词条编辑的网友超过 580 万人，几乎涵盖了所有已知的知识领域。

在百度百科中，编辑词条时巧妙地加入公司或产品等词条，可以起到宣传的作用。另外，作为企业也可以创建属于自己的百科词条，如图 6-1 所示为淘宝网的百度百科词条。

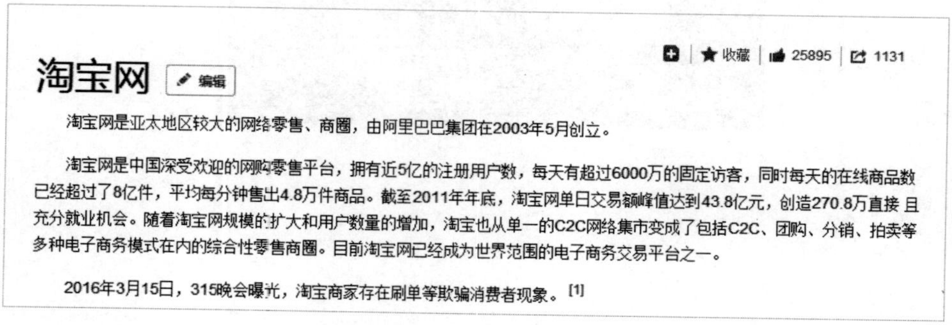
淘宝网 编辑
收藏 25895 1131

淘宝网是亚太地区较大的网络零售、商圈，由阿里巴巴集团在2003年5月创立。

淘宝网是中国深受欢迎的网购零售平台，拥有近5亿的注册用户数，每天有超过6000万的固定访客，同时每天的在线商品数已经超过了8亿件，平均每分钟售出4.8万件商品。截至2011年年底，淘宝网单日交易额峰值达到43.8亿元，创造270.8万直接 且充分就业机会。随着淘宝网规模的扩大和用户数量的增加，淘宝也从单一的C2C网络集市变成了包括C2C、团购、分销、拍卖等多种电子商务模式在内的综合性零售商圈。目前淘宝网已经成为世界范围的电子商务交易平台之一。

2016年3月15日，315晚会曝光，淘宝商家存在刷单等欺骗消费者现象。[1]

图 6-1　淘宝网百度百科词条

在创建属于自己的百度百科词条时，需要遵循百度百科词条创建规则，否则创建的词条将不会被审核通过。

百度百科词条要求使用规范准确的词条名，如果是为公司、企业或网站创建词条，那么在创建时最好使用全称，并与正文及参考资料描述的主体一致，例如中兴通讯股份有限公司、神华集团有限责任公司等。

如果组织机构有较高知名度，其通称比全称使用得更多、更容易理解时，也可以遵循“使用事物的常用名称”惯例，例如淘宝、京东等。组织机构下属的内部部门不是专有名词，因此百度百科不收录，例如财经大学旅游学院。

另外，百度百科有自己的文字和措辞规范，词条内容应使用现代汉语描述，避免出现长篇、大段外文和古文的描述，不支持繁体中文，以下情况例外。

- 当词条内容需要引用原文时，可少量使用外文或古文。
- 当古汉语没有明确对应的现代汉语或英文专有名词时，可少量使用外文或古文。

在创建词条时，应该首先对词条本身进行定义性解释。此外，还要“覆盖关键信息点”，为企业、产品与品牌创建的词条必须包含以下关键信息点，如表 6-1 所列。

表 6-1　创建词条要包含的关键信息

类别	关键信息点
企业	1. 概况综述：所在地、企业类型、经营范围、成立时间、创办人及企业规模等描述 2. 生产产品或提供服务
产品（网站、客户端或软件等）	1. 产品概况综述：生产者、产品用途和发布时间 2. 产品功能或技术参数
品牌	1. 产品系列或品牌综述：生产者、品牌或产品系列的性质 2. 品牌或产品系列的具体产品

了解了百度词条创建的相关规则后，我们就可以为公司品牌及产品创建相关的词条。词条的创建比较简单，只需进入百度百科首页（http://baike.

baidu.com/)，单击“创建词条”按钮，再根据提示完成相关操作即可，如图6-2所示。

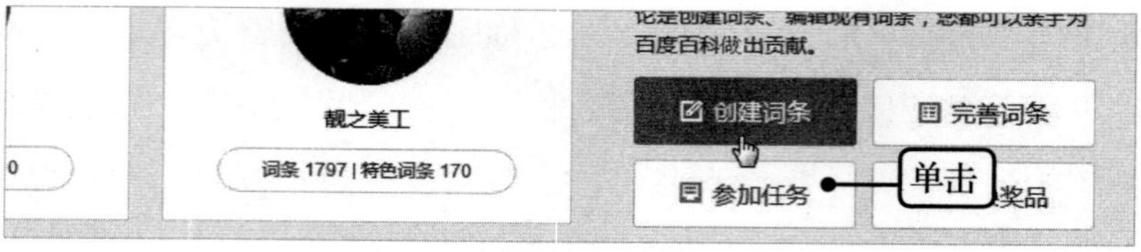

图 6-2　进入百度百科首页

要点提示

虽说百度百科词条的创建和编辑是人人都可以参与的，但是要创建一个成功的百度词条却并不是那么容易，合格的百科词条不仅需要丰富的内容，还需要权威的参考资料来证明其内容的真实性，这也是成功创建的最关键部分。

创建百度百科词条不能用我们之前讲述的软文撰写方法，因为百科词条要求文章具有逻辑的行文，内容上要有可靠的来源，文字和措辞上必须规范，而前面我们讲到的软文在撰写上都比较灵活。

撰写百科词条时只有遵循中立、客观和来源可证的原则，遵守撰写的基本规则，那么创建的词条才有可能被收录，只要与公司产品或名称相关的词条能被收录，那么就可以大大提高知名度和曝光度。

不要写这样的“垃圾帖”

百度贴吧是以兴趣主题聚合志同道合者的互动平台。在百度贴吧中进行软文推广，只要文章有足够的吸引力，那么引流的效果是很明显的。

在百度贴吧中发布的文章都被叫作帖子，“废话型”、“纯广告型”以及“话题重复型”的帖子不要发，这样的帖子是垃圾帖，不会有太多人看，营销效果也不会好。

在百度贴吧中发布软文帖子可以采用盘点式的方法，盘点式的帖子总能吸引大批的吧友点击。在撰写盘点式软文标题时，可以直接在开头写上“盘点”两个字，再写明盘点的是什么内容，如图 6-3 所示。

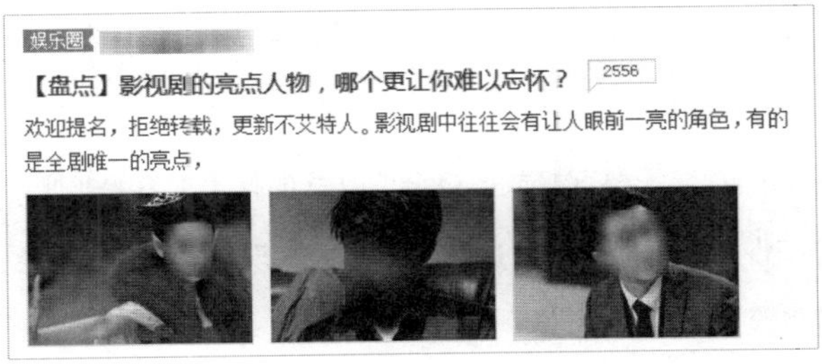

图 6-3　盘点式帖子

除了可以在贴吧中策划盘点式软文外，还可以通过评选式或科普式软文来吸引他人。评选式帖子可以带动吧友参与其中，而科普式帖子则能为吧友提供有用内容，因此两者都能获得很多人点击。

不管采用何种方式在贴吧中推广软文，都要注意广告的部分一定要含蓄、隐晦，为了避免帖子被删，可以不在正文中植入广告，而在评论中植入广告，在帖子中发表评论，也可以被他人看到。如图 6-4 所示。

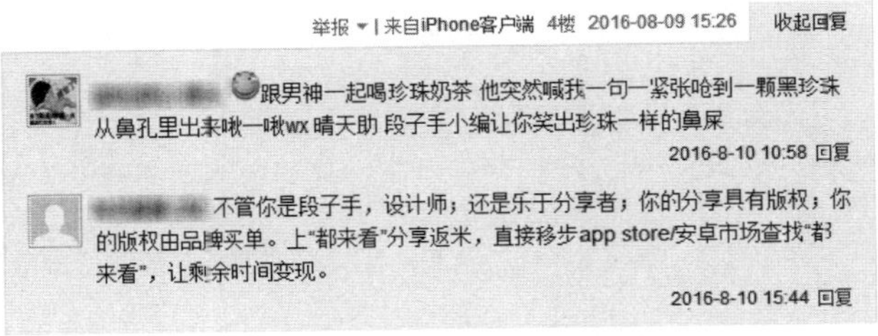

图 6-4　在贴吧中发起评论

在贴吧中发布软文帖子全部都用文字来展示是不可行的，文字太多会让吧友产生阅读疲劳，因此在贴吧发布的软文中要适当插入图片。另外，在内容上也要保证是有用的信息，一篇帖子的内容如果有价值，并且持续更新，那么是可以得到吧友的持续追捧的。如果帖子能够申精，那么将获得更多的流量。

发布帖子后还需要与吧友进行互动，这样才能保持帖子的人气，从而将更多的流量引入到自己的帖子中，再实现流量的转化。

要点提示

在贴吧中发布的软文不要直接放上链接，这样的帖子很容易被吧主删除，特别是明确规定不可以打广告的贴吧。为了营造帖子的高人气现象，可以使用多个马甲进行推广和评论，这样可以得到更多关注。

在百度知道中巧妙进行软文营销

百度知道是百度自主研发、基于搜索的互动式知识问答分享平台，在该平台上用户可以根据自身的需求有针对性地提出问题，同时也可以回答他人提出的问题。如图 6-5 所示为在百度知道中通过回答的方式植入广告内容。

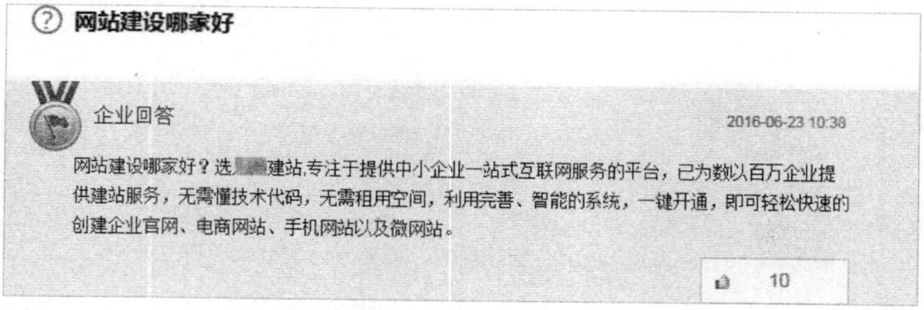

图 6-5　在回答中植入广告

从上图可以看出，“网站建设哪家好”这一问题的回答中提到了“选 ×× 建站”，这样就间接地为公司做了宣传，当有网站建设需求的客户看到这一回答时就有可能主动联系该公司并进行咨询。

百度知道可以说是进行口碑营销的好工具，在百度知道中进行回答式的营销，如果广告的成分太重，那么可能不会被提问者采纳。因此，在回答时也要“软”，可以采用分享回答法，以个人为案例将自己的经验告知他人，例如以下内容。

故事借鉴

问：怎么做 3 片式口金包

制作口金包必须要有图纸，按照图纸来进行辅棉、里布和表布的裁剪，最后缝合边缝、口金即可。你可以关注“×× 手工之家”公众号，里面有很详细的口金包制作教程。我之前做口金包是在“×× 手工”淘宝店买的口金材料包，同时送了图纸和教学视频，你也可以去看看。

在百度知道中还可以自己策划一问一答式的软文，这样可以在问题和答案中都植入宣传内容。例如，要为某网上商城引流就可以提出以下问题。

×× 网上商城主要销售哪些产品?

在 ×× 网上商城如何领红包?

×× 网上商城购买产品的流程是什么?

关于 ×× 网上商城解绑银行卡的解答

在回答时不能使用同一个账号进行回答，而要更换为其他账号。另外，也可以使用代理 IP 登录百度账号来营造多人操作的“假象”，更换 IP 的方法比较简单，以 360 浏览器为例，打开 360 浏览器，选择“工具 / 代理服务器 / 代理服务器设置”命令，如图 6-6 所示。

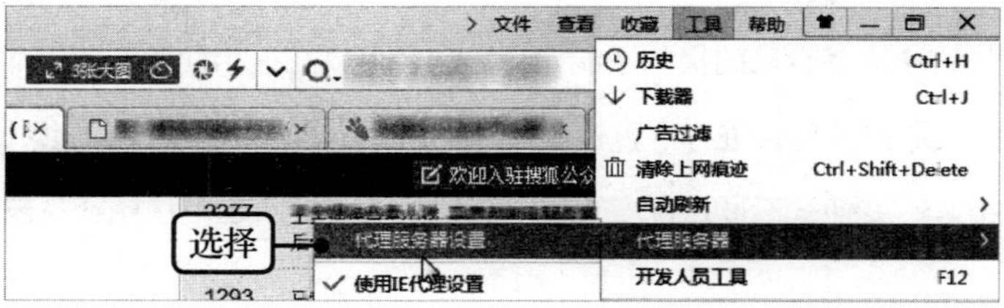

图 6-6　打开 360 浏览器的设置页面

在百度搜索引擎中搜索“代理 IP”关键词，将搜索到的内容粘贴在打开的“代理服务器设置”对话框的“代理服务器列表”文本框中，再单击“确定”按钮，如图 6-7 所示。

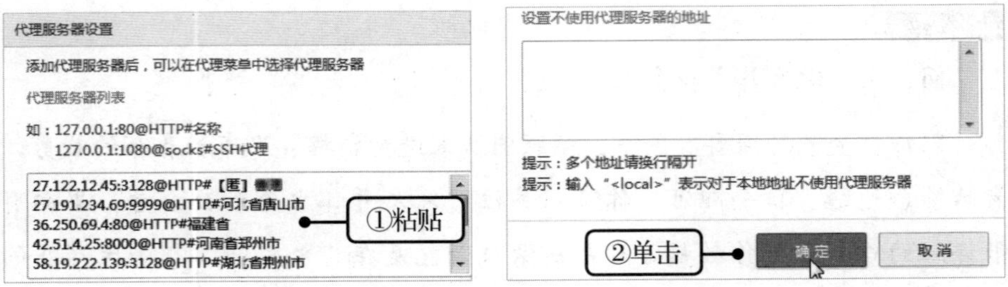

图 6-7　添加代理 IP

设置完成后，在使用百度知道前要先开启代理服务器，然后登录百度知道回答自己提出的问题。回答自己提出的问题时也要掌握一定的方法，具体技巧如下所示。

- 在百度知道中回答的内容最好不要带链接，因为可能使回复的内容无法显示，也可能被删号。
- 在回答问题时内容可以尽量长点，多划分几个段落层次，让排版整洁清晰；同时，在段落内容中间接地植入广告，为了突出广告关键词，可以使用括号、引号等将该词突出显示。
- 利用多个账号回答问题，在其中一两个回答中植入广告内容，而其他回答中则不植入。

要点提示

在百度知道中回答自己的提问不能操之过急，可以在提出问题一两天后再进行回答。在获得他人的回答后再进行广告植入可以使广告内容隐藏得更好，也可以使提问获得更好的排名。另外，不可在百度知道中高频率地回答问题，这样容易被百度“格外关注”。

如何写百度文库软文

百度文库是互联网分享学习的开放平台，在百度文库中进行软文营销的企业和个人用户都很多。企业用户可以在百度文库中建立以自己公司名称命名的百度账号，这样他人在查看文库内容时就可以看到公司的名称，从而获得曝光，如图 6-8 所示。

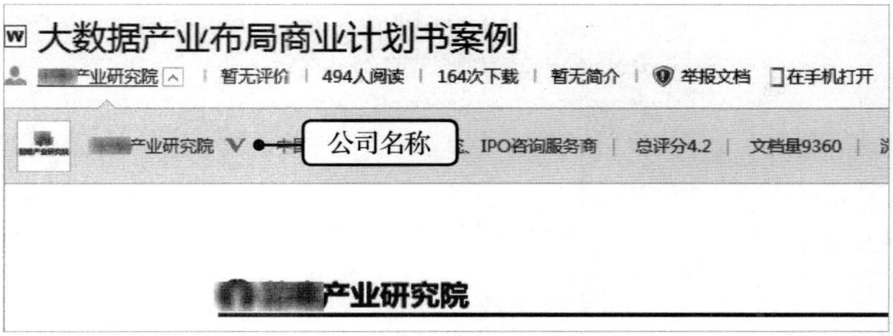

图 6-8　显示公司名称

在百度文库中上传的文档，如果文章中广告信息太明显是不会通过百度审核的。因此，只有利用软文来实现营销目的，并且软文中的广告信息也必须格外含蓄才有可能不被百度判定为广告，这是因为百度文库明确规定不能出现以下广告类型。

- **文字广告：**关键字、软文类文字广告。
- **图片、水印广告：**文档以推销产品、服务为目的，以图片、水印的形式来表现和宣传产品。
- **联系方式广告：**文档的目的是对产品和服务进行推销，诱引读者与撰文者联系的任何联系方式。

有了上述限制条件后要如何才能实现百度文库的软文营销呢？我们可以采取以下方法植入广告，如表 6-2 所列。

表 6-2 在百度文库中巧妙植入广告

方法	内容
设置 ID 名	将百度 ID 名设置为公司或产品名称，以获得曝光。另外，如果能申请百度认证那么最好申请，认证成功后相当于获得了一张百度通行证，在文章中进行硬广告推广也是可以的
页眉页脚	在文档的页眉或页脚中插入公司、产品名称或网址，在选用字体颜色时尽量选择不太引人注目的浅色字体
文档简介	在上传文档成功后会要求让上传者填写文档简介，文档简介中可以适当的插入公司或产品名称
利用中文	百度文库规定上传的文档内容中不能出现 QQ 号码和电话号码，此时可将 QQ 号码和电话号码由阿拉伯数字变为中文，掩盖其广告意图
水印要浅	图片上的水印只要较浅，没有影响到用户阅读，通常不会被判定为广告

在百度文库中进行软文营销就需要做到足够“软”，这样才能保证软文通过百度审核。例如我们要为某个游戏进行文库软文营销，那么就可以在文库中上传游戏攻略文档，以此让他人了解我们要推广的游戏，如以下内容。

故事借鉴

标题：英雄联盟新手竞猜攻略

广大撸友们，咱们熟悉的 LOL 有新的玩法了，就是刺激的赛事结果竞猜。

虽然腾讯官网和一些其他的网站也有竞猜的项目，但是个人觉得竞猜的项目太过于单调了，只能猜冠军结果，对于比赛过程中一些精彩的瞬间和激动人心的个人秀等，肯定有一些对赛事赛程非常熟悉的撸手早就可以预测出来了，但是除了跟身边的人或者自己唠叨两句，根本没有地方让你验证你的预测。

因此，我给大家介绍一下花样多、玩法新颖的赛事竞猜系统。整体来说，能验证你神预测的玩法有 15 种。

通过上述内容可以给我们启发，要使上传至百度文库中的文档更容易审核通过，那么广告内容就不能有明显的指向，在文章中可以提及产品或公司名称，但不要有广告嫌疑，那么上传的文档是比较容易通过的。

另外，文章的篇幅和账号等级都会影响文档的通过率，文章的篇幅以 2 ~ 8 页为佳，而账号等级越高则越容易通过审核。

论坛与社区软文写作要点

在论坛和社区平台上，我们总能发现许多有趣而富有新意的文章，这些文章常常能吸引我们的眼球，而其中有一部分是营销推广类的文章。下面我们就一起来探索如何在论坛和社区中进行软文营销。

论坛软文营销技巧

论坛和社区是网民进行在线互动与交流的平台，考虑到论坛和社区的特点，在撰写软文时可以从话题型、故事型和分享型软文入手。

话题型软文是指向用户抛出一个话题，让大家参与其中，只要话题足够吸引人，那么参与的人一般不会少。例如，在豆瓣社区中就有话题精选栏目，如图 6-9 所示。

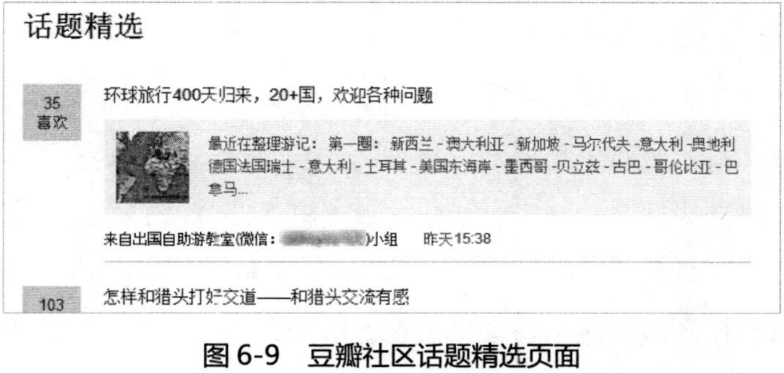

图 6-9　豆瓣社区话题精选页面

论坛和社区中的用户大多都喜欢听故事，因此故事型软文也能获得不少人阅读。将个人的经验、资源分享给论坛或社区中的用户，常常能获得不少点击和下载。

话题型软文可以在话题描述页面或话题讨论区（评论区）中植入软广告，而故事型软文更多是在故事中植入广告，分享型软文可在分享的资源中植入广告。

在论坛中进行软文营销还要学会推广自己和自己的文章，掌握以下技巧可以使论坛软文营销做得更好。

- **软文可以更“软”**：在论坛中发表一篇软文比较简单，难的是这篇软文是否会被认为是广告，为了避免广告嫌疑，在论坛中发布的软文要比微信、微博等平台上发布的软文更“软”。
- **多发文章混脸熟**：在论坛中进行软文营销，初期可多发文章混个脸熟，当自己的 ID 在论坛中有一定知名度后再进行软文营销，这样不仅能够获得更多关注，同时营销效果也会更好。
- **为自己装扮**：为了将自己更好地推广出去，一个好记的 ID 名或吸引人的头像是必须要有的，而完善的个人资料可以让别人更详细地了解自己。
- **抢沙发**：论坛是用户进行交流的平台，回复他人的帖子并抢占一个前排“沙发”，这样既可以让楼主看到你，也可以让其他人看到你。
- **养号**：在进行论坛软文营销前，先要注册多个论坛账号，利用这几个账号轮流发帖。最后，在这些账号中选择 1 ~ 3 个作为发帖主号，而其他账号则主要用来回帖顶帖。
- **正确选择板块**：一个论坛中一般都有多个板块，在选择板块时尽量选热门的板块。
- **移花接木法**：既然论坛中不能打广告，那么我们可以采取移花接木法将流量引到可以打广告的渠道上去。例如，在发布分享型帖子时，可以留下自己的微信号或 QQ 号等，让别人添加，再将资源通过 QQ 号或微信发送给他人，这样就可以在其中放心地插入软广告了。

在论坛中发软文，不能保证所有发布的软文都不被删除，对于被删除的帖子我们可以进行二次修改后再进行发布。另外，在发布时可以发表不含广告关键词的软文，等到帖子有了一定的浏览量和人气后，再修改软文内容，将广告关键词植入其中，这样帖子有可能不会被删除。

在发布有广告植入的软文帖子后，用自己的小号迅速顶帖、评论，让帖子迅速火起来，这样即使有广告嫌疑，常常也不会被删除。

要点提示

论坛和社区中的个人 ID 都是可以被他人看到的，因此将论坛 ID 设置为与公司、产品或职业相关的名称，这栏即使不在文章中植入广告，也可以起到一定程度的宣传作用。

教教你写精品帖

论坛和社区中的精品帖都是人气很高的帖子，如果自已的帖子能成为精品帖，那么流量自然不会少。如何才能写出一篇精品帖呢？

当我们在看一篇文章或电视剧时，如果文章的内容或电视剧的剧情还没有结束，那么总能引起他人的持续关注。在论坛中发表文章也可以采用这种“未完待续”的方式，不断积累人气和流量。

在论坛中发表软文，文章的开始部分可以说明该帖的中心思想，然后展示一两张赏心悦目的图片，吸引他人前来围观。在贴出几段内容后，文章内容便由此终止，并在结尾说明该内容会在某天更新，就这样保持文章的持续更新，等到帖子积攒的人气越来越多时便在某一更新内容中植入软广告。只要帖子有足够的人气和关注者，那么想要成为精品帖也不是特别困难。

为了让自己策划的内容能够实现持续更新，在选择话题时就要选择内容丰富、有可写之处的话题。在策划时可事先将要写的内容罗列出来，以便后期更新内容时使用。

在论坛和社区中进行软文营销需要持之以恒，如果帖子被删了或者人气不高也不能气馁，只有日积月累才能使论坛中的软文传播力度大、范围广，从而达到想要的效果。

其他平台软文写作技巧

电子邮件、博客与网站也是我们进行软文营销的平台，在这些平台上进行软文营销又有哪些技巧和注意事项呢？下面就一起来看看。

电子邮件软文注意这几点

许多电子邮件用户每天都会收到大量的邮件，对软文营销推广人员来说，一篇电子邮件软文要如何才能在众多邮件中脱颖而出是他们比较关心的问题。为了自己发送的邮件软文能够脱颖而出，在进行邮件软文推广时就要注意以下几点。

（1）文字内容不能多

邮件软文并不要求内容有很多，如果内容太多反而会使读者产生排斥心理。因此，邮件软文不会有太多文字，一般以“文字 + 图片”或纯图片的方式进行展示，如图 6-10 所示为“图片 + 文字”展示的邮件软文。

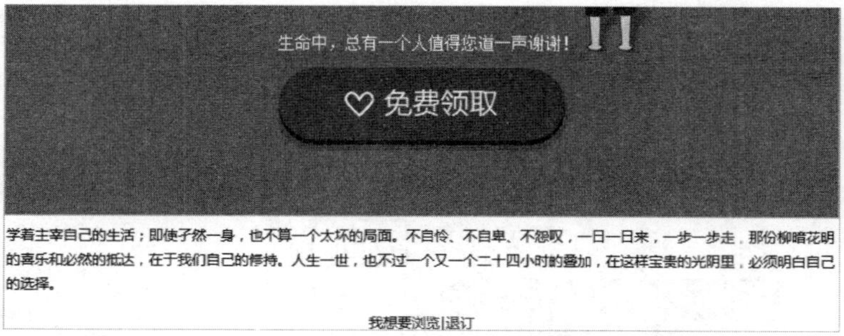

图 6-10　邮件软文

要点提示

邮件软文营销的主要目的是为了引导收件人进入相应的页面，从而促成销售，它的营销重点是用户的点击行为，而不是一次销售，因此不要尝试在邮件中包含所有内容。

（2）图片可带链接

邮件软文通常在图片中插入链接，因为图片中常常包含了广告内容，用户在阅读了图片上的内容后可以通过单击图片进入相应的页面，这样就实现了一次引流。如图 6-11 所示为某邮件软文中的图片，可以看到将鼠标光标放在上面出现了手掌的标志。

图 6-11　图片可单击

那么，我们发送的邮件软文中如何才能实现里面的图片可单击呢？其实方法很简单，下面我们以 QQ 邮箱为例，来看看如何在图片中添加超链接。

登录个人 QQ 邮箱，进入写信页面，在正文中插入图片，选择要添加链接的图片，单击“格式”超链接，在打开的编辑栏中单击“ ”按钮，如图 6-12 所示。

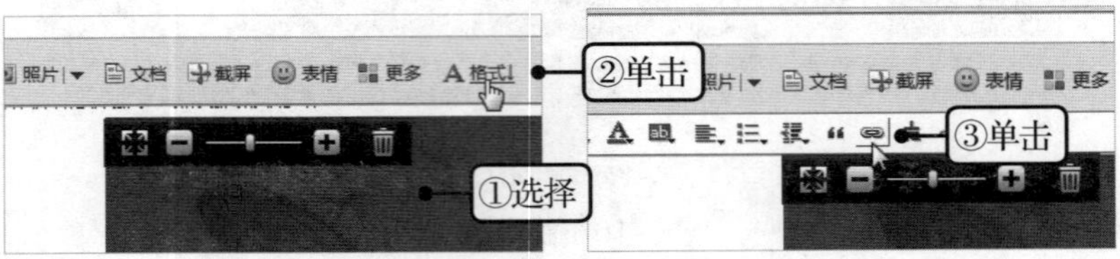

图 6-12　准备插入链接

在打开的“链接”文本框中输入链接地址，单击“添加”按钮即可在图片中添加链接，如图 6-13 所示。

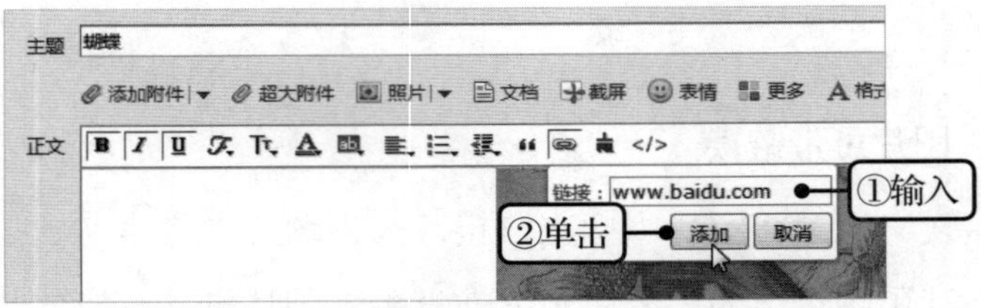

图 6-13　在图片中添加链接

（3）主题要集中

一封电子邮件的主题应该只有一个，而不应该有多个，不要在邮件中试图推广多个产品，推广的产品太多会导致推广焦点不集中，同时收件人也不会仔细去看你推销的所有产品。

因此，在邮件中只需表明一个焦点即可，其他信息可待用户单击相应链接后进一步了解。

（4）开头和结尾加入以下内容

收件人收到的邮件有时会因为种种原因导致内容中的图片无法显示，如图 6-14 所示。

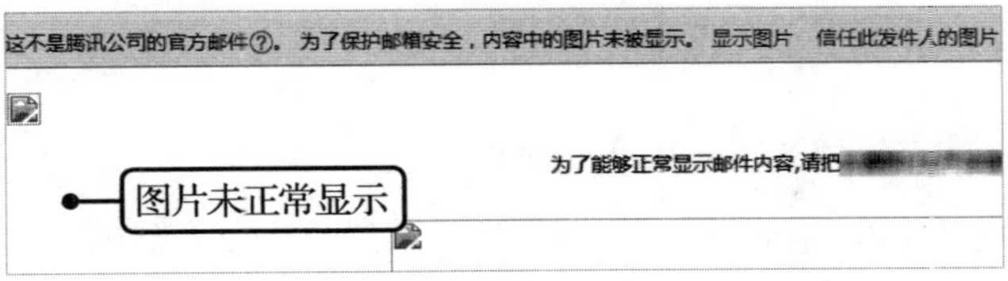

图 6-14　图片无法显示

为了让未显示的图片也能引导收件人进行单击，那么可以在邮件的开头或结尾写上“若看不到邮件，请点我要查看”或“如看不到内容，可以点击查看”等类似的文字，并把“我要查看”或“查看”添加上链接，让我们发送的邮件不被浪费。

有些收件人并不喜欢收到我们发送给他的邮件，与其让收件人将我们拉黑，不如在邮件内容中附上退订邮件的方法，给收件人留下良好的印象，邮件退订提示可以和内容未显示的提示放在一起，如图 6-15 所示。

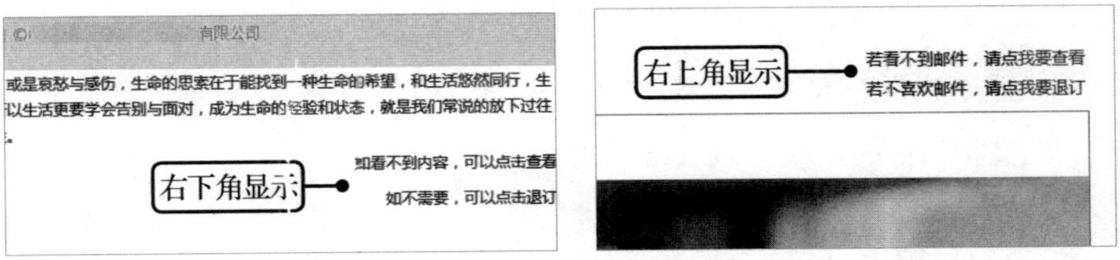

图 6-15　邮件退订和内容未显示提示

如果将邮件退订和内容未显示提示放在邮件的开头，则多放在内容的右上角；如果放在末尾，则多位于右下角。当然我们也可以让其在末尾居中显示，如图 6-16 所示。

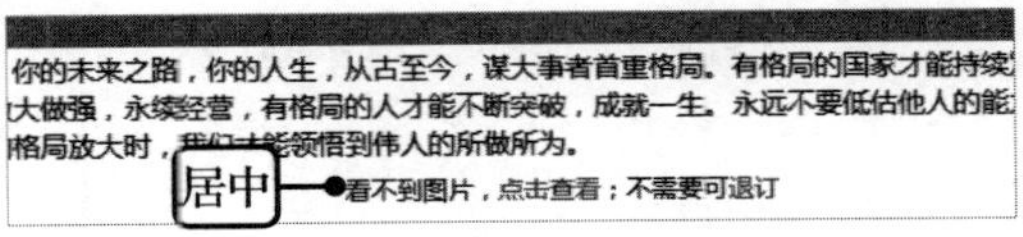

图 6-16　末尾居中显示

将 QQ 空间软文推出去

QQ 空间是拥有 QQ 的人群经常使用的社交网站，现在很多微商及销售人员都在利用 QQ 空间进行产品推广。虽然与微信和微博营销相比，QQ 空间营销没有以前那么火爆了，但它所具有的营销力量也是不能小觑的。当 QQ 好友拥有一定数量以后，进行 QQ 软文营销所带来的经济效益也是很可观的。

在 QQ 空间进行软文营销的主要方式是通过说说、日志和相册，下面就来看看如何利用这 3 个部分进行软文营销。

（1）说说

说说在 QQ 空间发布的频率最高，我们利用说说进行软文营销时要注意发送频率，虽说 QQ 空间对每天发送的说说条数没有限制，但我们仍不能过分地刷屏，否则会引起 QQ 好友的反感。

一般来说，一天发布的说说约 1 ~ 5 条比较合适。发布说说软文最好采用图文相结合的方式，如图 6-17 所示。

图 6-17 QQ 空间说说

（2）日志

日志的内容一般较多，QQ 空间的好友通常不会转发我们的说说，但转发日志是有可能的。但只有 QQ 好友认为有价值的内容才会进行转发。因此，日志还是要用内容来打动他人。

通过日志进行软文营销，为了让他人帮助我们转发，同时起到引流的作用，可以在结尾中写下与转发相关的请求，我们参考以下内容。

故事借鉴

结尾借鉴一：

看到的小伙伴可以分享出去，友好地提醒一下身边人。

也可以因为前几天刚吃了一大袋车厘子觉得……

无论如何也要转发出去报复一下社会。

吃喝玩乐尽在：请狂戳——×××

结尾借鉴二：

编后语：这些就是我们平时在肯德基吃的美味了，虽然不如直接去吃来得方便快捷，但是自己做的总是让人吃起来比较放心，也比较实惠。吃货朋友们赶紧收藏转发哦，先学先吃！

http://×××.com

戳↑戳戳↑↑戳戳戳↑↑戳戳↑

结尾借鉴三：

没看够，你狂戳↓

http://×××.com

（3）相册

QQ 空间相册中的图片支持他人评论和转载，将图片上传至相册后就可以对该图片进行评论，从而进行营销。在相册中上传的图片不要都是产品图片，也要上传一些与产品无关但赏心悦目的图片。

博客软文写作技巧

博客软文营销的载体是博客这一平台，因此在博客中发布的软文要适合博客这一圈子。博客软文的内容通常比微博多，但也不能太长，一般来说几百到一千字左右比较合适，短小精悍同样是博客软文营销的重要原则。

在撰写博客软文前，我们需要对自己的博客进行定位，明确博客内容发展的大方向，例如是属于幽默搞笑型还是经验分享型。之所以要为博客定位，是因为这样可以让博客显得专业，也能更好地圈定目标受众。在发表博文时也方便我们为自己的博文添加标签，如图 6-18 所示在博文发表页面添加标签。

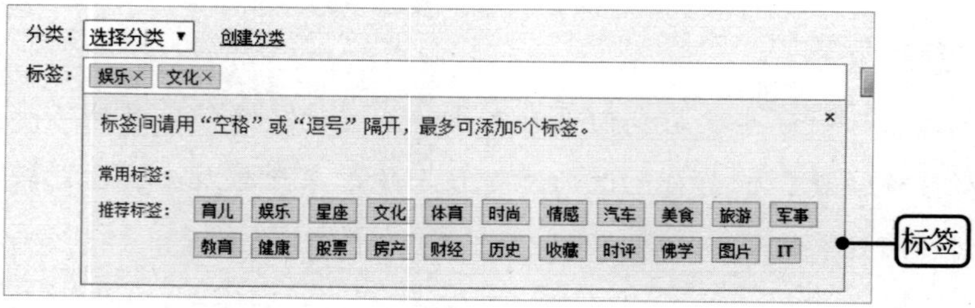

图 6-18　博文标签

在发表博文时添加标签很重要，标签可以由自己定义，它是比分类更准确、更具体，可以概括文章主要内容的关键词。给博文定制标签以让更多人更方便准确地找到自己的博文，如果博文内使用的某个标签恰巧在首页上推荐，当用户打开这个标签时，就会在结果页面上看到我们的文章。可见添加标签可以帮助我们进行博文推广。

要点提示

手动输入标签后单击“空格”或“逗号”可自动生成标签，每篇博文最多可以使用 5 个标签，每个标签最多 10 个汉字。同时标签过长可能会影响页面美观，建议尽量使用短一些的词组作为博文标签。

博客软文要实现营销的目的存在一定的技巧，主要有以下几点。

- **体现专业性：**大杂烩类型的博文与专业型的博文相比转化率较低，因此在博客中发表软文尽量选择与宣传内容有关的专业性较强的文章。虽然此类文章受众人群少，但目标受众大多都是潜在客户，转化率更高。
- **策划内容专栏：**在博客中发表的软文要使之成为一个专栏，这样才能吸引越来越多的潜在客户。例如，要为某护肤品进行博客软文营销，那么发表的软文则要围绕这一主题进行，可选择护肤品挑选技巧、如何补水以及如何护肤美白等内容进行撰写，使发表的文章形成护肤内容专栏。
- **了解行业动态：**在博客中要善于与其他博主和读者进行交流，平时多关注同行发表的文章，同时与读者进行分享和交流，对读者反馈的问题进行分析，把握读者的关注点，从而撰写出更符合读者胃口的软文。

网站中的软文也要“软”

公司的网站虽说是自己的平台，但建设网站的目的是为了给客户提供服务，也就是说网站是给客户看的。不管是新客户还是老客户都可能通过网站寻找他需要的信息。

一般来说，在建设网站时都会设计一个板块用于发表公司新闻、动态或与用户相关的文章，这个板块常常就是进行软文营销的板块。例如，在平安保险商城有一个导航板块叫作“保险攻略”，在该板块中有大量的文章，其中不少文章是软文。如图 6-19 所示分别为平安保险商城首页和保险攻略页面。

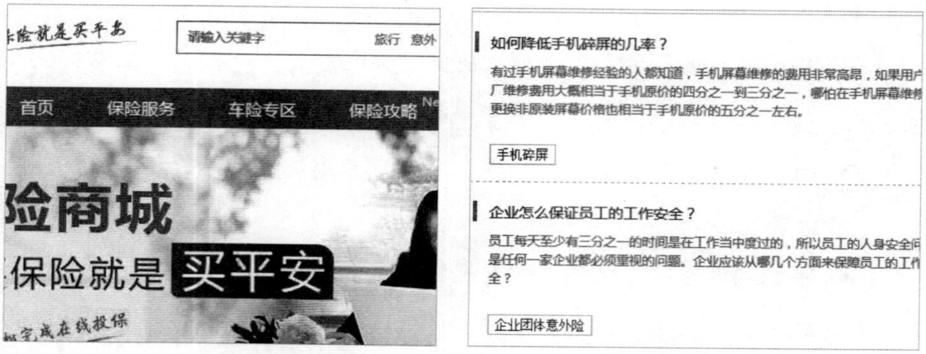

（a）平安保险商城首页　　（b）保险攻略板块

图 6-19　平安保险商城首页和保险攻略页面

在保险攻略板块中，我们能够了解到许多有用的保险攻略，因此即使文章内容中推销了相关的保险产品，读者也不会介意，还会反复进入该网站查找需要了解的保险知识。相反，如果公司网站中没有对用户有用的信息，那么用户是不愿意二次进入的。

由此可见，即使是属于自己的平台，也要软硬结合，在销售产品的同时提供给用户有价值的软文，这样才能让网站受到用户的持续追捧和关注，用户的点击会为网站带来流量，也会增加网站权重，对于网站优化和推广来说是很重要的。

第 7 章
常见类型软文写作手法

软文主要有 3 种类型，分别是新闻型软文、行业型软文和用户型软文。这 3 种类型的软文都有其特定的特点，因此，写作手法上也有区别。下面就来看看这 3 种类型软文的写作手法。

新闻型软文写作技法

新闻型软文是指用新闻的口吻进行软文写作，软文采用新闻体进行撰写可以使其既具有软文的灵活性和延伸性特点，又具有新闻的权威性特点，让读者对文章内容深信不疑。

3 种新闻软文写作手法

新闻型软文主要有 3 种写作方式，包括新闻报道、人物访谈和新闻通稿。下面分别来看看这 3 种方式的写作手法。

（1）新闻报道软文

新闻报道式软文站在媒体的角度，以第三方的口吻来报道某一事实，它用强有力的语言来阐述，给人以权威、真实的感受。许多知名企业和大品牌常常使用新闻报道式软文进行营销宣传，下面来看看一个案例。

故事借鉴

标题：三星 Note 7 开箱，无愧机皇，要啥有啥

导语：三星本月早些时候正式发布了 Galaxy 家族新丁——Galaxy Note 7。

新机之所以没有称为 Note 6，一方面是为了与 Galaxy S7/S7 Edge 保持一致性，另一方面也是因为这一代 Note 无论在配置还是外观设计方面均有大幅提升改变，因此采用了更激进的隔代命名。

今天，国外媒体分享了 Note 7 的开箱视频和照片，无论高颜值双曲面 2K 屏幕、虹膜识别还是全新的 S-Pen 都让我们感受到“安卓机皇”所应具备的各方面气质。同时，包装内还贴心地附送了额外的 USB Type-C 接口

转换器和 S-Pen 备用笔尖。

据此前官方参数显示，Note 7 仍然采用了高通骁龙 820、三星 Exynos 8890 处理器，内存 4GB，存储 64GB（支持扩展），电池容量 3500mAh，支持快速充电，并首次配备了 USB Type-C 接口。

后置摄像头延续了 S7 系列上的 1200 万像素传感器，支持双像素检测技术，像素尺寸 1.4 微米，光圈 F1.7，焦距 26 毫米，支持光学防抖，而前置还是 500 万像素。

另外，Note 7 本身和 S-Pen 均支持 IP68 防水防尘，可在 1.5 米水下坚持 30 分钟，同时 S Pen 的手写压感提升至 4096 级。

目前，国行版本 Note 7 还未正式发布上市，但有来自官方消息称将为中国市场特别推出 6GB+128GB 版本机型来满足追逐顶级配置的用户需求。

从上述内容可以看出，这是一篇介绍三星 Note 7 的文章，文章以新闻报道的口吻来介绍产品的特点、功能等。由于是站在客观的角度进行阐述，因此具有绝对的权威性和真实性，让读者不知不觉产生信任感，该产品也在销售前就获得了曝光和预热。

（2）人物访谈软文

人物访谈软文是指将与知名人物的对话作为软文的题材，并利用新闻进行报道，从而树立公司产品或企业的良好形象，取得消费者的信任。下面来看一个人物专访新闻的部分内容。

故事借鉴

专访罗永浩：手机市场已严重同质化，但锤子科技可借机爆发

当然，除了手机同质化和锤子科技爆发的话题，罗永浩还跟我们聊了创业、锤粉、产品迭代和今年频繁出国的感受，我们决定以访谈实录的形式，告诉你们罗永浩近期的主要想法。

新浪科技：你怎么看待现在的手机？你认为哪些方面对于手机是重要的？

罗永浩：我觉得今天的手机，最大的问题是过于同质化了。虽然我们时不时地会看到一些整体上平衡得非常优秀的产品，但它们最大的问题始终都是过于同质化了（此处省略部分内容）。

新浪科技：锤子科技一直想影响大众的想法，而不是被大众的偏好影响？

罗永浩：如果你打算做一个了不起的企业，而不仅仅是一个赚钱就够了的企业，试图影响大众的野心是必须的，单是迎合大众需求很难造就一个伟大的企业。这件事困难的地方在于，在你还没有足够大的影响力的时期，如何平衡好你试图带给消费者的好东西和消费者已然形成的行为习惯之间的矛盾。

从上述内容可以看出，该访谈采用的是一问一答的行文方式，这也是人物访谈的特点。由于访谈的人物常常是有一定知名度和影响力的公众人物，因此此类文章常常能备受关注，且转载率较高，对于提高企业的品牌形象很有帮助。

对软文撰写者来说采用访谈的方式进行软文撰写可以使行文更容易，访问者只需围绕受访者的特点及经验等来准备访题，最后将访谈过程中的对话内容进行整理，便可撰写出访谈型软文。

并不是只有大企业才可以通过访谈型软文进行营销宣传，对于小企业来说同样可以，在选择访谈对象时一般选择公司董事或高管，通过受访者自身的人格魅力来为企业树立良好形象。

（3）新闻通稿软文

新闻通稿更具有硬性广告的特点，“软”的成分较少，其写作模式和传统新闻写作方式类似。只是它通过权威媒体进行发布，可信度高。新闻通稿写作方式比较简单，它用简明扼要的语言将事件完整地表述出来，只需做到文字流畅、逻辑清晰和语言准确即可。

善用新闻惯用词汇

善于运用新闻词汇能够增强软文的新闻性，这些词汇包括以下内容。

- **时间类词汇**：指表示时间的词汇，例如“近日”、“昨日”、“×月×日”以及“截至×年×月”等词汇。
- **地点类词汇**：表明事件发生地点的词汇，在新闻标题中常常就会体现，例如“成都：举报食药违法行为 查证属实即奖最高 60 万元”和“重庆连发‘高温红色预警’，市民‘冰吻’战高温”这两个标题都带有地点类词汇。
- **渠道类词汇**：表明事件获得的渠道，常用词汇包括“从××获悉”“据了解”、“××表明”、“据××报道”以及“据××介绍”等。
- **评论类词汇**：这类词汇包括“社评”、“时评”等，如果是他人发表评论的文章则加入评论者的姓名。
- **表明身份类词汇**：指表明文章撰写者身份的词汇，包括“编者”、“笔者”以及“编辑”等，当然也可以在文中不表明身份。

下面来看看加入了新闻词汇的标题以及正文内容。

故事借鉴

标题：将于成都车展首发，曝雪佛兰科沃兹实车图

近日，有媒体曝光了一组雪佛兰科沃兹（CAVALIER）的无伪装实车图。根据之前报道，新车将于今年 9 月 2 日开幕的 2016 成都车展首发。

外观部分，新车采用了分体式进气格栅，前大灯组与进气格栅相连，同时新车前保险杠和发动机舱线条丰富，突出整体的流线感。车身来看，新车造型并没有太多心意，笔直的腰线从前车门一直延伸至后尾灯组。而

尾部设计上，不规则的尾灯组造型，配合较有层次感的后备厢盖设计，给人感觉并不单调。

从上述内容可以看出，加上新闻性词汇，可以让文章看起来更可信，也可以淡化文章的广告性质。

如何去挖掘新闻点

一篇新闻软文仅仅只具备新闻的特点是不够的，还需要展现出新闻亮点，新闻亮点可以从以下几方面挖掘。

（1）产品价值与特点

用媒体的眼光来审视自己要宣传的产品，将产品的特点、优势展现出来，这一优势或特点就可以成为新闻点，在标题中我们就可将这一新闻点进行展现。例如以下标题。

HTC Nexus 新机配置曝光，Home 键长得有点新鲜

懒人新玩物，这款干洗机洗衣只需 10 分钟

这可能是最强自拍杆，功能全面而且还易折叠

手机秒变炫彩灯，大字体超酷！

（2）技术与服务

现在公司销售产品卖的已经不仅仅是产品本身，还包括提供的服务，如果公司提供的服务具有优势，那么也可以此作为新闻点。

如果在某一领域拥有领先的技术，那么这一技术完全可以成为新闻点，甚至还可以成为媒体争先报道的对象。因此，公司如果研发或创造了某一新技术，不要藏着掖着，应果断地报道它。例如，以下标题中就包含了技术服务的新闻点。

“用了就敢炒老板”的爱钱进，接入智齿客服啦

蚂蚁金服将推出 VR 支付，点头即可完成购物付款

炫酷穿戴式装置，“智能刺青”可变手机 PC 触摸板

（3）人物与活动

公司的发展，做大做强，离不开那些核心关键人物，这些人物的故事以及品质等都可以作为新闻软文的新闻点。

公司在经营过程中必然会举办各种各样的活动，将这些活动用新闻软文的形式报道出来同样可以引起广泛关注。

新闻软文排版有要求

软文要体现出新闻的特点就要用新闻体来撰写，新闻有其特定的结构，主要包括以下内容。

- 标题。
- 导语（副标题）。
- 主体（正文）。
- 背景，指新闻事件发生的环境。
- 结语，对文章进行总结或具有启发的语言。

以上 5 个部分也是新闻软文的结构，完成新闻软文的撰写后还需对软文的排版进行安排，使其在排版上也符合新闻的特征。

下面我们以“宜人贷借款公积金模式：唤醒‘装睡’的公积金”新闻软文为例，来看看新闻软文应该如何排版。如图 7-1 所示。

宜人贷借款公积金模式：唤醒“装睡”的公积金

江湖老刘 | 08月16日 11:07

宜人贷 公积金 借款 分类:互联网

阅读 3718 抢沙发

资金的价值在于流动，资金的天生属性就是增值，因此我们应当唤醒“装睡”的公积金，真正让公积金回归职工“利益共有”的初衷。

文/江湖老刘

提及公积金，大多数人一头雾水，毕竟取出不易。而且大多数人的公积金为住房公积金，贷款买房子时才能派上用场，而对于很多用户来讲，尤其是一二线城市的用户群体，买房子显然不是短时

图 7-1 新闻软文

从图 7-1 可以看出，标题的字体比导语和正文的字体更突出，为体现导语内容将其放置于灰底背景中，正文与导语内容使用的字体相同，图片为居中显示。

了解了上述排版方式后，我们在排版时就可按照上述案例中的排版方式进行，标题和正文使用最多的字体是微软雅黑，标题字号要大于正文且加粗显示。

另外，标题使用黑体，正文使用宋体也比较常见。如果黑体的标题中有英文或阿拉伯数字，则英文和阿拉伯数字使用 Arial；如果正文使用的是宋体，则英文和阿拉伯数字使用 Times New Roman。对于新闻软文中的字体并没有明确规定，一般来说使用的都是常用字体。

用户型软文写作技法

在淘宝网中有一个板块叫作“淘宝试用中心”，淘宝用户可在试用中心报名免费试用，用户获得试用商品后需要完成试用报告。由于是淘宝用户亲身体验产品后撰写的报告，因此能够提高其他淘宝买家的信任，而用户型软文与淘宝试用报告有异曲同工之处。

注意用户体验三大原则

用户型软文以用户的亲身感受为题材撰写软文，由于消费者之间更容易产生信任，因此只要传播的内容是正面的，一般都能赢得消费者的信赖，提升品牌价值与影响力。

用户型软文的核心是用户体验，因此在撰写时也要从用户体验的角度出发。遵循以下用户体验的三大原则，能让用户型软文更加有吸引力。

（1）营造客观真实，场景化的体验过程

用户型软文的内容需要营造一个客观真实，场景化的体验过程，在内容中需客观地描述出产品的优缺点，如果有产品图片可展示则将其在文章中展示出来。图片内容可以是产品整体图、细节图等，例如以下图文搭配的用户型软文内容。

故事借鉴

黑红色调搭配相得益彰，款式小巧、简单和时尚十足。深得颜控的我喜欢！耳机轻盈，入耳久了也没觉得不舒适的地方。环绕效果，音质挺好的。

亮点与细节：

耳机上很清晰地印了 L 和 R，设计较美观。

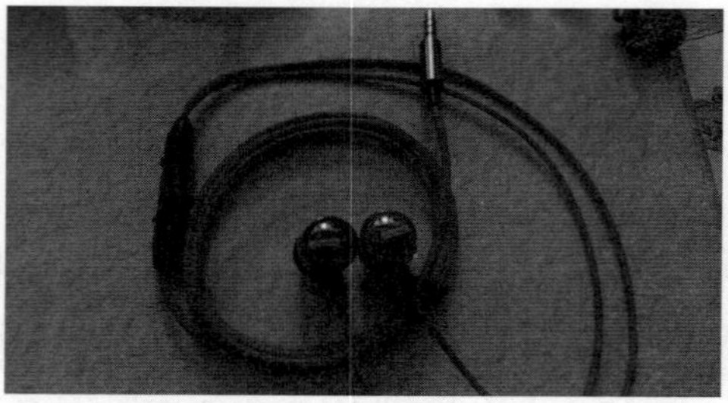

（2）说出自身真实感受

准确地说出使用产品时的真实感受，将其他消费者想要了解的内容直观地展现出来，从而引起他人共鸣。在阐述个人感受时要注重产品过程中感官上的文字描述。例如，护肤品类的产品，则可以描述为“涂上有清凉感，不油腻”“有淡淡的香味，很好闻”等。下面来看某月饼用户型软文中关于真实感受描述的内容。

故事借鉴

8 月 8 日出炉的月饼，很新鲜，表面金黄，香气扑鼻，馅甜而不腻，肉丝和五仁都很多，里面的口感松软细滑，肉丝的鲜咸和五仁的香味结合得恰到好处，咸甜适中，非常好吃，刚一打开包装盒就吃了一大半，全家都很喜欢。尤其喜欢铁盒的包装，高档大气实用，送礼首选。

月饼色泽金黄，皮薄馅足，口感松软，材料也很新鲜。超多肉丝，甜咸适口，满口留香。

（3）内容通俗易懂

他人不易读懂的软文其营销效果也不会太好，在撰写用户型软文时应用通俗易懂的语言进行描述，让读者能够在第一次阅读时就明白该软文讲述的是什么内容。

根据目标受众类型的不同，也可适当加入该目标受众能懂的专业性词汇。例如，针对的目标受众是游戏玩家，那么加入游戏专业术语或游戏玩家常用口语，他们仍能明白所要表达的内容是什么。

用户型软文的不同手法

用户型软文也可以被称为产品型软文，通过第三方对产品的描述来让其他消费者更好地了解该产品。用户型软文的撰写比较灵活，我们可以运用以下手法。

（1）宣传促销式

宣传促销式用户型软文就是用优惠、低价或限时抢购等来吸引消费者，这类软文并没有过多地隐藏自己的营销意图，就是“以利诱人”，或通过营造供不应求的现象来促使消费者产生购买欲望，这类软文的文字内容较少，通常以一小段文字配上几张精美的图片，例如以下宣传促销式软文。

故事借鉴

标题：便宜又好用的家居单品，你心动了吗

细数现在琳琅满目的各大家居用品，几十到几千元不等，有些单品真的是非常好，不管是从性能方面出发，还是质量方面，都是No.1。同样，价位也非常高。小编带你盘点一下那些便宜又好用的家居单品吧。

这款单品采用了加厚8cm设计，软硬适中，呵护颈椎，关键在于防潮透气，干爽不闷热。不管是学生党还是上班族，该款产品都是他们的首选床垫，它绝对是物有所值。

（2）警告式

警告式软文通过警告的方式来直击用户的软肋，通过警告的方式引起用户的注意，让用户迫不及待地去行动。例如以下警告式软文。

故事借鉴

标题：肤质不同，可别乱去角质！小心毁容！

说到角质，很多人都会脱口而出，说角质是垃圾。

本人今天就要为角质正名，角质才不是垃圾呢，而是人体皮肤的第一道屏障。它能够抵御外界对皮肤的伤害，也能够保持皮肤的滋润。

看到这里就有小伙伴有疑问了，既然角质不是垃圾，我们为什么还要消灭它们呢？

虽然说角质不是垃圾，但是我们指的可是新的角质，而不是老旧的角质。

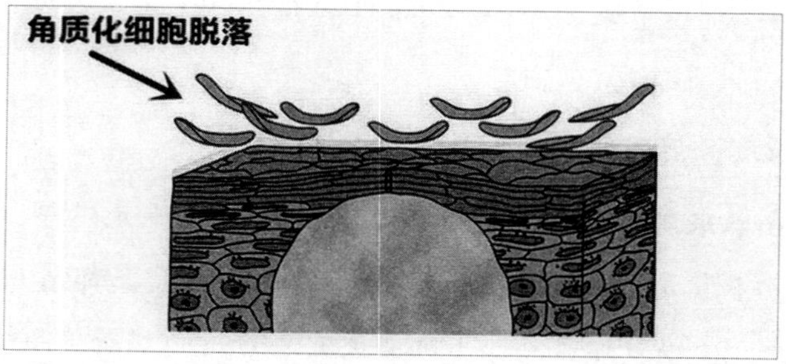

举个例子来说吧，建造房子需要砖块，这些砖块堆积起来可以保护房子不受外界的伤害。但是如果长时间不换砖块，砖块就容易老旧，房子很容易坍塌，这个时候就要替换砖块，才能够更好地保护房子。

我们的角质就和砖块一样，一层层地垒在皮肤表面。一般情况下，角质层大概有 5 ～ 10 层的角质细胞，太多了的话就会导致肌肤干燥粗糙。

这也是为什么有些时候你会觉得自己肌肤暗沉、粗糙的原因。甚至有些小伙伴还很难上妆，乳液会“漂浮”在肌肤表面，很难契合。

行业型软文写作妙招

一个企业如果在行业中拥有足够的知名度或影响力，那么消费者在选择产品时也会优先考虑该企业。为了建立企业自身的知名度和影响力，通过软文进行营销是必不可少的，下面我们就来看看行业型的软文应该如何写。

医疗类软文这样写

医疗软文是指利用新闻或软文传播为医院及医疗项目等做宣传推广的一种营销方式。医疗软文针对的营销对象大多是患者或患者家属，在语言描述上要体现文章的专业性。下面我们以某医疗软文为例，看看医疗软文的写作技巧。

故事借鉴

标题：54岁不仅想正牙，还想快而美

导语：上周日下午，3D数码隐形正畸新品暨Angelalign Pro分享会在一片喜悦声中完美谢幕。到场的朋友们都为追求新品“快而美”的特点而来，其中还有一位54岁的阿姨。

最特殊的顾客

一位54岁的阿姨是分享会第一位到场的顾客，她不是替自己的孩子参加，也不是来凑个热闹，而是自己非常想做正畸，经过多方考虑最后选择了××，也让我们为这位心态年轻的阿姨点赞。

很多朋友就好奇了，难道正畸是没有年龄限制的吗？

其实正畸医生看一个人适不适合正畸，主要是看其牙周健康情况，如果年龄大，牙周很健康那还是可以做的；相反，某些年轻的朋友牙周情况糟糕那也不能正畸了。

看了文章的上半部分内容，我们可以得知该文章是一篇与牙齿矫正有关的文章，下面来看看文章结尾部分的内容。

现场的惊喜可不只有抢红包，更有各种礼品享不停，回答问题送小巨蛋牙膏、抽奖送千元电动牙刷，没中奖还有充电宝等。当主持人说“请给我 3 个选择 ×× 的理由”时，更是让全场观众积极举手，令人感动不已。

也许大家心中都有自己选择 ×× 的理由，无论是什么，大家给予 ×× 的信任，也必将成为 ×× 越来越好的动力，让 ×× 创造更多被选择的理由。

通过对该文章的阅读我们可以了解到哪些人适合做正畸，且知道了该口腔医院拥有 3D 数码隐形正畸这一领先的牙齿矫正技术。该软文采用的是新闻体，增强了文章的权威性和可信度。同时，在内容中提到了一名特殊的顾客，可以让读者身临其境。通过对上述案例的阅读，我们可以得到以下启发。

- 医疗类软文要做到站在患者和患者家属的角度来撰写，而不应站在医院的角度来进行撰写。我们撰写出的医疗软文应该给患者及患者家属带来帮助，而不是简单地宣传医院。
- 在撰写医疗软文时可偏向于使用新闻体，这是因为新闻体的软文容易取得他人信任。另外，在文章中还可以加入专家见解，患者成功治疗的案例等，让医院更值得他人信赖。
- 医疗软文应该体现医院的专业性，因此在用词上应该准确，特别是医疗术语的表述一定不可马虎，否则会给医院带来负面影响。

电商软文要引导消费

每年的“双十一”和“618”我们都可以看到淘宝网和京东商城的营销

广告，作为知名的电子商务平台，他们仍然需要进行广告营销，那么对于小型电商以及普通网上商家来说就更需要进行营销了。

对于中小型卖家来说，他们的营销资金有限，因此只能进行小成本的营销，例如软文营销。网上卖家进行软文营销，应该重视对产品价值的传递，引导客户进行消费。下面来看看电商软文是如何引导消费的。

故事借鉴

标题：八款学院风的双肩包，你知道几款？

话说最近又到了一年一度的开学季了，不知道妹子们的包包准备好了吗？如果没有的话，也不要担心，小编今天就来给各位妹子带来一波福利！现在，就来看看小编为妹子们介绍的包包吧！

可以涨颜的长颜草表情，妹子们在聊天的时候是不是经常发呢！是不是被长颜草的表情给萌翻了呢！那么这一款包包也绝对可以萌翻你！可爱的表情，逗笑的句子，心情瞬间就美美哒，上学瞬间就变得快乐起来了有没有！

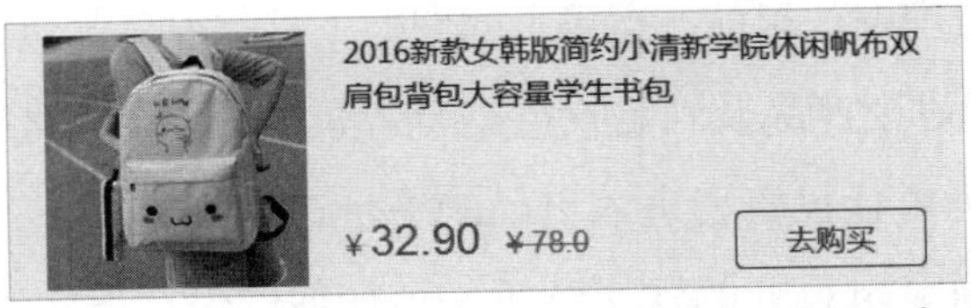

其实，小编有时候也会觉得包包的格子不够，想另外放东西也找不到格子，所以就只能全部都乱放在一起，这样在找东西的时候就非常的辛苦，所以也就迫切需要格子多一点的双肩包。那么，在这个时候，就不妨看一下这一款了！

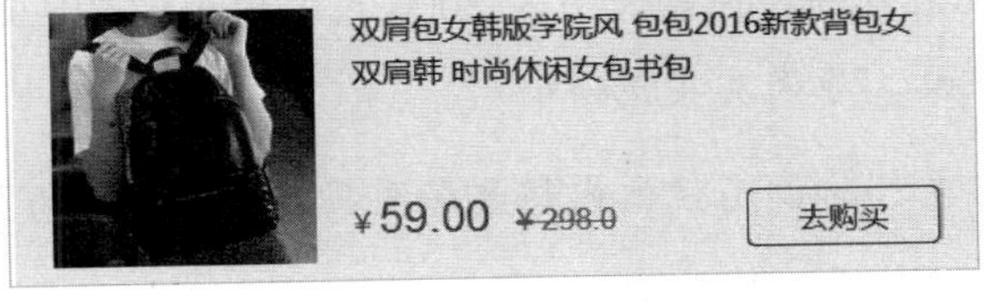

从上述内容中可以看出，该软文的行文布局是图文搭配的方式，在图片中有“去购买”的按钮，有购买需求的消费者可以通过单击“去购买”按钮购买产品。

我们在撰写电商软文时也可以采用本例中的行文布局方式，采用“图片 + 文字”的方式。文章内容从消费者的需求上进行产品的介绍，重点介绍产品特色和优势，并在介绍产品时引导消费，告诉读者在哪里可以购买该产品。

由于电商销售的产品不止一款，那么在进行产品介绍时就可以多介绍几款产品，让读者有更多的选择。在软文结尾部分可以布局几个消费者关心的问题，例如如何发货、是否有质量保证等，打消消费者购买的顾虑，从而促使其下单。

金融软文要加入的内容

当个人或家庭有了一定积蓄以后，为了使自己的财富能够保值甚至增值都会进行投资理财。目前，市场上的理财工具有很多，包括股票、基金、P2P 产品、保险理财产品及固定收益类产品等。而各大理财平台之间的竞争也非常激烈，为了让投资者进入自己的平台进行投资理财，营销是必不可少的，那么针对金融行业的软文营销又该如何做呢？下面来看一篇金融软文的部分内容。

故事借鉴

标题：为啥隔壁老王都买房了，你还月月光

今天在网上看到一个问题，月入 8000 元，你为什么还是月光族？然后看到一票网友跟帖。原因其实就一个：

我还是个宝宝，抑制不住体内想要买买买的“洪荒之力”！！！

但是，为啥月入 6000 元的隔壁老王都已经有房有车啦，你还是月月光呢？其实你和隔壁老王之间，只隔了一项工资理财技能而已。亲们，是时候开始攒下人生第一笔工资啦。

攒工资这件事，一要自动定时转入，二要安全稳健，理财通工资理财就是最好的选择。

理财通工资理财是将每月工资定时转入收益稳定的理财产品，超低门槛 1 元起存，自动转入省时省力，不知不觉就能攒下一笔“巨款”呢。

理财通工资理财有什么好处呢？

1. 养成攒钱好习惯

每月定时自动转入，积少成多，小钱也能变大钱，和月光族 Say Bye。

2. 懒人也能赚收益

每月资金自动转入收益稳定的理财产品，一次操作“一劳永逸”，不用盯盘，安安稳稳赚收益。

3. 随时可取超灵活

工资理财存入的钱随时可以取出，没有任何手续费，灵活方便又实用。

主页君随手截了几个用户的使用反馈，也是好评秀一脸啊！

从上述内容中可以看出，这是一篇介绍理财通工资理财的软文，以“隔壁老王”引出理财通工资理财，由此介绍了理财通工资理财的特点和优势。

投资者在选择理财平台时最关心的莫过于投资的安全性以及便捷性，平台与投资者之间的信任关系是关键问题。因此，如何通过软文广告的植入来增强平台与客户之间的信任尤为重要。从上述案例我们可以获得以下启示。

- 在撰写理财平台软文时重点体现平台的优势，例如风险小、安全稳定及投资资金随存随取等。

- 投资者不会相信理财平台的一面之词，因此在阐述平台安全性及其他优势时还需拿出证据，这一证据可以是其他投资者的评价或其他金融机构，诸如银行、保险公司等提供的担保依据，以及其他风险控制措施等。例如，上述案例中便提供了用户反馈截图依据，如图7–2 所示。

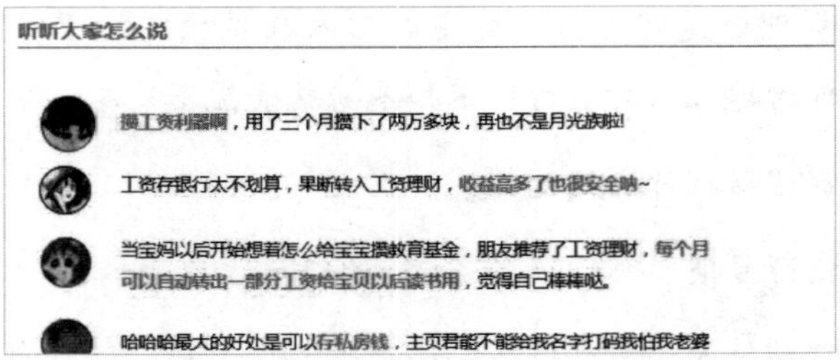

图 7-2　截图依据

要点提示

金融机构除了要利用软文营销自己的平台外，还需要利用软文营销自己的产品，如果要为理财产品撰写软文，那么在内容上最好体现产品的收益率，并且利用数据图来说明该产品的收益是可观的，这样才更容易吸引投资者。

如何让房产软文有看头

虽说房屋价格居高不下，但人们的购房热潮并没有因此而降温，对房产开发商以及房屋中介机构来说，只有将房屋卖出去他们才能赚到钱。因此，各地产开发商以及中介机构之间的营销之战是不可避免的。那么，房地产营销软文应该如何写呢？下面来看一个房产软文的部分内容。

故事借鉴

标题：到底啥别墅？能让到访的客户 6 成排号

【摘要】别墅生活，是家人都有各自的活动区域，是每一餐都仿佛家庭聚会，是享受徜徉山水之间的那份怡然。在蓝山别墅 290 ㎡空间中，实现的不仅是墅居追求，更是从容不迫的生活理想。

你看惯了售楼部人满为患

也看惯了开盘日摩肩接踵

可你见到过

现场买别墅有这么多人吗？

万科 · ××× | ××

售楼部爆不爆

产品是王道

这一切

还得从 ×× 别墅能在客厅放游艇的户型说起

空间！功能！布局！样样都关键

中西餐厨、独立主卧层、屋顶花园

个个有讲究

没看过 ×× 别墅宽拼户型的人

不会知道生活还有如此滋味

从上述内容可以看出，该房产软文的标题采用的是悬念式标题，正文内容中通过某售楼部图片引出最终需要宣传的楼盘。将设置的悬念解密后，就需要重点进行楼盘介绍了，下面来看看上述案例中关于楼盘介绍的内容。

××别墅－阔景花园领地

不仅方便老人进行锻炼

更不会错过清晨弥足珍贵的鲜氧时光

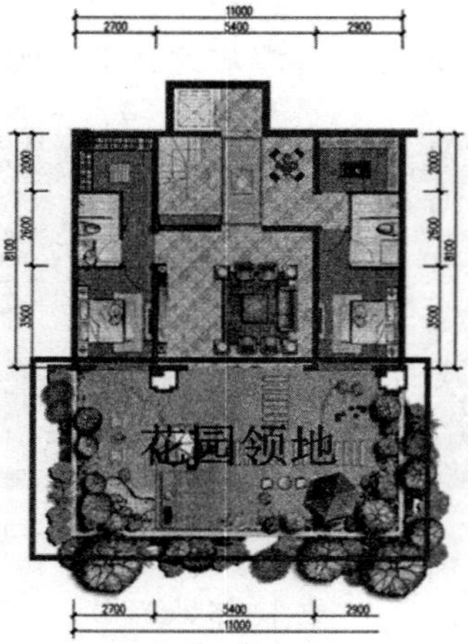

（户型示意图）

对楼盘进行介绍主要会从开发商和项目本身优势入手，在介绍开发商时可从以下几方面来介绍。

- **开发商历史：**开发商从创立到现今建设了哪些知名楼盘，发生了哪些有新闻价值的事件以及发展过程中的重要阶段等，都可以表明开发商的历史。
- **开发商的资质：**房地产开发企业根据企业条件的不同可以分为不同的资质等级，介绍开发商的企业资质可展现开发商的能力。
- **开发商荣誉：**企业荣誉是企业获得的来自社会和公众的奖项与赞许，如果企业获得了相关荣誉，那么在介绍时加入相关内容会让他人更加信任该企业。
- **企业理念：**包括企业的精神文化、战略目标以及经营理念等。

- **相关图片：**在软文内容中通常都会使用图片，在介绍开发商时可以加入企业 Logo、办公场景及标志性建筑的图片等。

针对项目楼盘销售撰写的软文核心还是楼盘本身，在介绍楼盘时可以从以下方面入手（见表 7-1）。

表 7-1　介绍项目楼盘要点

内容	介绍
硬件条件	楼盘的硬件条件包括户型、周边配套、交通、绿化率、楼间距以及教育园区设施等
户型条件	说明房屋类型，包括别墅、普通住宅、跃层、公寓以及商铺等
内部结构	说明房屋的层高、飘窗、入户花园、阳台、实用面积、建筑面积、停车位以及几梯几户等
区域价值	说明楼盘所处区域，包括市区、郊区、城镇、城乡结合部、繁华地段、潜力区以及安静区等
自然环境	说明楼盘周边环境，包括公园、江景、河景、园林景观、山、休闲区、银行、医院以及学校等

化妆品软文写作构思

人人都有爱美之心，再加上美容行业和电子商务的发展，许多创业者纷纷将目光聚焦到了化妆品行业上。化妆品行业面对的主要消费人群是女性，如何让化妆品软文打动女性的心是很重要的，在进行软文策划时可以从以下几方面来抓住女性的心。

- 很多女性都渴望美白，俗话说一白遮三丑。那么，我们就可从美白这一方面入手，撰写“如何美白”类软文。
- 化妆可以让女性看起来更美丽，针对化妆这一主题，我们可以撰写出“新手如何化妆”“如何上粉”“如何画眼线”以及“如何化出精致妆容”等软文。

- 对于平常不化妆的女性来说，护肤是主题，那么可以构思的软文有“避免护肤谣言”“如何挑选护肤品”“了解护肤死角”“如何补水”以及“如何防止皮肤干燥”等软文。
- 除了美白以外，祛痘也常常困扰着许多女性朋友，针对“痘痘”这一话题，我们可以构思出“如何预防痘痘”“长痘的原因”以及“祛痘的办法”等软文。

有了化妆品软文撰写的思路后，在创作化妆品软文时我们要掌握以下技巧。

- **提炼核心卖点**：在介绍护肤品或化妆品时要注重提炼产品的核心卖点，抓住产品最具有优势的地方，包括材质、功能与气味等。
- **引用案例**：许多人在购买化妆品和护肤品时都会非常谨慎，因为害怕买来的产品不适合自己的皮肤，因此引用他人使用该产品的案例可以在一定程度上打消其他消费者的疑虑。
- **结合促销活动**：在进行软文营销时，提供给消费者一定程度的优惠或者好处，包括优惠券、免费试用或实物奖励等，能够促成消费者尽快下单。

第8章 软文写作疑难解答与提升

要撰写出一篇软文并不是特别困难的事，但要撰写出一篇高转载的软文就不太容易了。软文撰写者只有不断提高自己的软文写作能力才能使自己撰写的软文营销效果更好，写作软文时更轻松。

软文写作常见疑问解答

大多数软文撰写者在软文撰写过程中都遇到过或多或少的问题，包括去哪里找软文素材，如何为软文配图等。本节主要介绍如何解决在软文写作过程中常见的疑难问题。

软文“菜鸟”如何写好软文

每一位优秀的软文撰写者都是从新手一步步成长起来的，对于没有软文撰写经验的新手来说，想要写好软文还需要一段时间的积累，掌握一定的方法可以让新手撰写软文进步更快。

- **打好基础**：打好基础对后期软文写作很重要，在刚接触软文写作时我们可以多看看他人撰写的软文，并学习他人的写作思路，看看他人是如何将广告内容植入文章中的，并尝试仿写软文，不断地进行仿写和总结，可以不断提高写作能力，从而打好基础。对于他人的优秀软文还可以收集起来作为参考资料。
- **挖掘素材**：新手撰写软文常常会遇到不知道写什么内容的情形，主要原因是不会挖掘素材。在平时浏览新闻或热点话题时，要学会收集并整理相关内容，将其用于自己的软文写作中。
- **持之以恒**：写好软文并不是一朝一夕就可成功的，需要软文撰写者持之以恒的努力和学习，软文撰写者应该有持之以恒的决心和毅力。
- **总结与检查**：每写完一篇软文都进行自我总结和检查，查看自身的不足，也可请他人帮忙给出建议，并在后期的写作中进一步完善。
- **学会创新**：新手软文撰写者容易犯千篇一律的错误，为了打破常规，要有意识地进行创新。

- **不可盲目写作**：新手在写作软文时不可盲目进行，而要准备好充分的资料，选择好主题，明确写作目的，有了明确的写作思路以后再动笔。
- **不可半途而废**：在软文写作中有时会出现“写不动”的情况，这种情况下可以看看他人的文章或者休息一下再写，但不可将其弃之不顾，仍要坚持完成；否则，养成不良习惯会导致以后写作也常常半途而废。

新手撰写软文除了要注意以上几点外，还要学会选择正确的软文发布渠道，对于软文即将要发布的平台要有清晰的认识，明确该平台适合发布哪些类型的软文。

去哪里找软文素材

软文写作时若想不到好的主题，主要原因还是因为没有好的素材，学会找软文素材能够让我们找到更多的软文写作思路，更快速地确定软文主题。下面就来看看在哪些平台上可以找到软文素材。

（1）在生活中找素材

生活中个人的经历以及身边发生的事都可以成为软文素材，这类素材需要我们留心观察，并将其记录下来。

个人生活感悟以及生活中接触的人也可以成为软文素材，由于这些素材都来源于生活，因此更能引起他人的共鸣。对于生活中发生的事，各大报纸、新闻媒体网站以及微博等也经常会有报道，通过这些平台也可以了解到生活中发生的各种事件，这些事件常常都可以作为软文素材。由于这些素材通常都具有时效性，因此软文撰写者需要时常关注最新的事件，从中选择出热点事件作为软文主题。

（2）微信精选

关注他人的微信公众号以后，我们可以收到公众号推送到手机的微信信息，在这些微信信息中有很多有趣、有深度以及优秀的文章，这些文章都可以成为我们的软文编写素材。

除了微信公众号以外，在微信精选（http://fzn.cc/）网站上可以找到微信热文、美文哲学、幽默笑话及经验总结等文章，这些文章都是精选出来的，是我们进行软文写作很好的素材，如图 8-1 所示为微信热文页面。

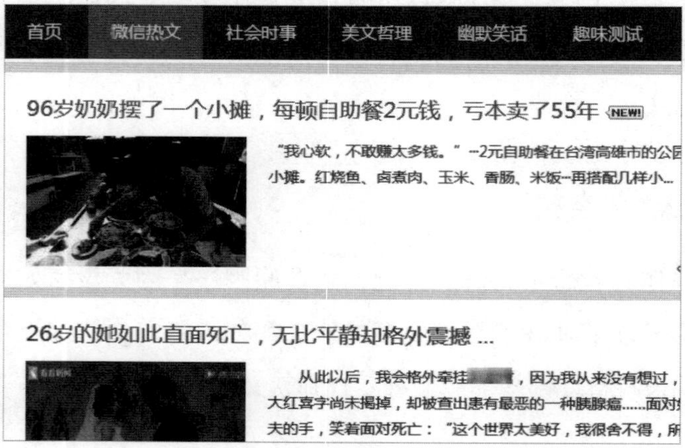

图 8-1　微信热文页面

（3）Balago

Balago（http://balago.cn/）是一个专业服务于软文编辑的素材工具，该工具可根据个人的订阅和偏好推送各类有趣、有料、有爱和有知识的优秀软文素材，让软文写作变得更加轻松。

Balago 用于解决软文写作的素材收集、格式生成等问题，可以让写作者轻松搞定一篇有质量的推广软文。它具有如图 8-2 所示的功能优势。

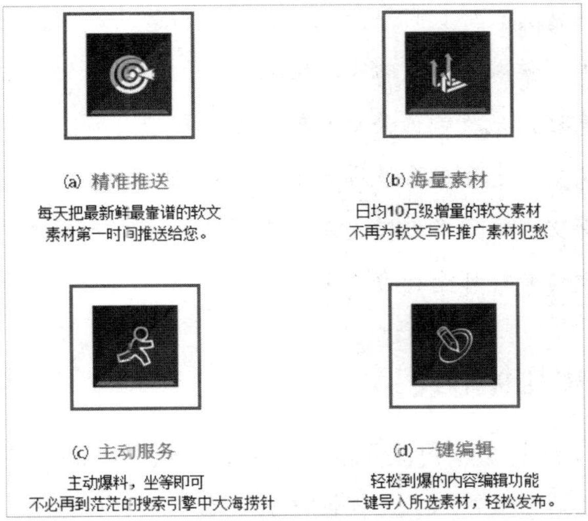

图 8-2　Balago 功能优势

（4）西瓜公众号助手

西瓜公众号助手（http://www.xiguaji.com/）能为软文撰写者提供海量优质微信文章素材，同时还提供了文章分析功能，帮助用户迅速找出热点爆文。它具有以下功能特色。

- **快速查找，创作优质文章：**每日更新超过百万篇文章，覆盖各行业及垂直领域，更有 5000+ 原创作者入驻，可帮助我们快速查找或创作优质内容。
- **全网优质素材：**全网海量优质微信文章素材动态更新，大数据挖掘分析，优质热门文章轻松掌握。可自动过滤标题或为容相同或相似的文章，对于风险文章可自动标识。
- **关注自动更新：**将关注的公众号加入，直观查看公众号发文内容及数据，自动更新关注的公众号文章数据。
- **智能订阅：**订阅与公众号相关的词汇，获取最精准的优质文章，可根据公众号的历史文章、类型等推荐订阅相关的词汇，获取最适合的文章素材。通过自定义词汇，可以添加最新的行业内容、热点或兴趣等，获取个性化的文章素材。

- **专享素材：** 系统根据公众号的历史文章进行智能匹配并过滤已推送过的文章，进而推荐最适合的 24 小时热门文章。
- **黑马爆文：** 每天多时段更新最有可能刷爆朋友圈的黑马文章，第一时间找到最有可能成为爆文的素材。

软文配图有哪几种形式

软文内容中图片是不可缺少的一部分，在软文中插入图片可以为文章增添“色彩”，在软文的写作中配图的方式有多种，具体内容如下。

（1）直接使用产品图

如果此次软文营销的目的是进行产品宣传或曝光，那么在软文内容中就可直接使用产品图片，让读者直观了解到此次营销的产品是什么。例如以下软文使用的就是产品图。

故事借鉴

标题：没有这些单品，你还敢说自己够时尚？

女人每天都要为“明天穿什么”绞尽脑汁，衣橱里每隔一段时间就会增加新成员，穿得好看不仅是对自己的要求，更是对美的坚持。然而，你可知道，“时装精”之所以被称为“时装精”，是因为她们衣橱里那些简单、舒服和百搭的基础款单品——用基础款搭出一套套百变的造型。

（2）使用情境图

在软文中使用与内容语境或意境相符的情境图，可以增加软文内容的感染力。下面来看看以下使用情境图的软文。

故事借鉴

标题：恋上你，恋上家

八月，流光似水，时光静沉在斑驳的树影里。

记忆的梗上，荷花开满池塘，稻苗快乐生长。

纳凉的蒲扇，午睡的枕头……储存着儿时美好的回忆。

家的感觉，来自日常的家居。

（3）使用图表图片

图表虽然没有产品图和情境图那样吸引人，但要用数据来对产品卖点或同类产品与服务做对比时，使用图表图片却能增色不少，例如以下使用图表图片的软文。

故事借鉴

标题：这是一个可能获得高收益的机会

今天我们来聊一聊国债逆回购

首先你应该有个大概印象

为什么这么说，请看下图

从上述图片中还可以看出，在数据图表旁还搭配了文字进行阐述，这样可以方便他人理解图表要表达的含义。这种“图表 + 文字”的表现方式，我们在软文中也可以加以利用。

你的软文营销为什么没效果

许多公司或者微商等在进行软文营销时，常常会抱怨软文营销没效果或效果不明显，那么是什么原因导致软文营销没有效果呢？总结起来主要有以下几方面的原因。

（1）内容同质化

在撰写软文时我们常常会选择当前的热点话题作为软文写作的主题，由于软文撰写者习惯性地选择当前最热门的话题，这就可能导致大多数软文主题相似，内容上同质化。

内容上的千篇一律会使读者失去阅读兴趣，从而使得软文营销的效果不尽如人意，同质化就像一个包围圈，软文撰写者要突破这个包围圈就要善于创新，力求从同质化中脱颖而出。

同质化现象的存在也告诉软文撰写者，在策划软文主题时有时可另辟蹊径，选择稍冷门的主题，有时可能会获得意想不到的效果。

（2）未与时俱进

作为软文撰写者要懂得与时俱进，否则只会被淘汰。软文是否有创意对软文营销来说很重要。如果撰写的内容毫无新意，一直都围绕一个主题在进行阐述，长久下来读者势必会产生阅读疲劳。

适当的创新，给软文注入新鲜“血液”，让读者能够看到让其眼前一亮的内容，这样才能留住这些读者。

（3）没有设置营销目标

进行营销首先要确定的是营销目标，如果营销目标一开始就没有设置正确，那么最终的营销效果也不会理想。

在进行软文营销时，营销人员需确定好营销的第 1 步、第 2 步，甚至是第 3 步，这样才有利于营销工作的开展和软文内容的策划，否则随意撰写软文效果常常是不理想的。

（4）没有进行用户反馈

在发布一篇软文后我们不能就此置之不理，软文营销是一个长期的过程，在这一过程中我们需要了解用户对此次营销的反应，看看此次营销效果如何，用户的满意度如何。如果不进行用户反馈信息的收集和分析，那么我们将无法探知软文营销的内容是否需要调整，投放渠道是否合理等。

我们进行软文营销最终的营销对象都是潜在的用户，只有了解了他们的真正想法，才能使营销工作开展得更好。

软文中加不加链接

对于软文中加不加链接，每个软文撰写者都有自己的看法，有一部分人认为不加，理由是会使营销意图过于明显而导致他人反感；另一部分人认为要加，理由是能够直接引流，同时还可以为网站提高权重。

实际上，上述两种看法都没有错，只是所站的角度不同。对网站优化来说，在软文中加入链接能够增加网站权重，提高网站的排名。如果不在软文中加入链接，那么这篇软文是起不到网站优化推广的作用的。

对产品营销或企业品牌宣传来说，在软文中加入链接，那么很容易被他人判定为广告，有可能会导致他人的反感。另外，如果在论坛或百度文库等平台上发布带有链接的软文，那么该软文将面临被删除的风险。

对用户来说，他们在阅读一篇软文前并不知晓该文章是一篇软文，因此他们并不希望内容中插有广告。软文中如果有链接，用户会对该软文感到失望，认为自己上当受骗了。

由此可见，软文中加不加链接并没有定论，软文撰写者可根据软文营销目的和发布的平台来选择是否插入链接。如果是为了网站优化，那么势必要加链接；如果仅仅是为了提高企业知名度和实现产品曝光，那么可不加；如果是在自己的微信公众号或微博中发布软文，那么加入链接就没有问题，只要做到巧妙植入即可。如果是在不能发布广告的平台上进行软文营销，那么在加入链接时就要格外谨慎，为防止被删帖，最好选择不加。

省事的软文营销方法

有些公司或企业并没有专门的营销团队，他们要进行软文营销就需要借助外界的力量，这一力量就是软文营销服务公司。专业的软文营销服务公司能够提供一站式的软文营销服务，他们拥有自己的营销团队、资源和独特优势，例如某软文营销服务公司具有如图 8-3 所示的优势。

图 8-3　某软文营销服务公司优势

如果公司拥有软文文案专员，但没有好的软文推广平台，同样可以选择软文营销服务公司，让其帮助在知名平台上进行软文推广，解决个人无法在大型媒体平台上投稿的困境。例如，某软文营销服务公司拥有以下合作资源，而个人想在这些知名平台上发布新闻稿就比较困难，如图 8-4 所示。

图 8-4　软文营销服务公司合作资源

但让软文营销服务公司为其推广软文并不是免费的，根据推广要求或推广渠道的不同会收取相应的费用。

付费软文推广能够提高软文营销的效率，但并不表明支付了费用就能收获理想的营销效果。另外，市场上还有一些不太正规的软文营销服务公司，他们的服务模式并不完善，要避免选择此类公司。

如何提升软文

软文营销并不是为了完成每天发布一篇软文或两篇软文这一任务，我们撰写并发布软文是为了进行产品宣传、网站引流及提高企业知名度等。而不仅仅是为了完成任务而发布软文，软文撰写者首先需摆正观念，认真对待每一篇软文写作，并不断学习进步才能提高自己的软文写作能力。

如何提高软文写作技能

提高软文写作能力不是一朝一夕就能完成的事，对软文撰写者来说提高写作能力要经历漫长的征程。那么，要如何才能逐步提高写作能力呢？具体方式如下所示。

- **与他人交流**：与他人交流是提高软文写作能力的一个方法，软文撰写者可以加入软文写作的QQ群、论坛或者微信群等平台，与其他写手进行分享交流，从而提高个人的写作能力。
- **多看**：多看书、看报或者在互联网上浏览文章等可以提高我们的知识储备，这样在写软文时才能在脑海中搜索出有用的内容。
- **多练**：多练可以说是提高软文写作能力最重要的方法，写得多了，撰写能力自然而然就会提高。
- **换位思考**：软文既要抓住用户的心，还要懂得换位思考，从用户的角度来思考软文是否与用户的想法相符合。
- **发挥想象力**：文学创作需要发挥创作者的想象力，在获得一个软文素材后如何将这一素材进行扩展、延伸都需要发挥想象力。

软文写作能力的提高是潜移默化的过程，通过不断地阅读、练习和思考，最终会发现在不知不觉之中自己也能妙笔生花，写出标题亮、题材新和内容精的经典软文。

软文营销的重点在于软文的创作，软文创作得好，再将该软文发布到适合的平台上，营销的效果自然会逐步体现出来。

如何将软硬有机结合

不管是何种形式的软文，最终的目的都不会改变，那就是进行广告宣传，如何将软文与硬广有机结合是撰写者必须掌握的软文技法。下面就来看看软文与硬广结合的技法。

（1）版权信息植入

版权信息的植入通常在软文的末尾，在文章内容中并不需要考虑如何植入广告信息，只需在文章结束后加入版权信息即可，例如以下软文的结尾。

故事借鉴

结尾一：

如今的我们，在中秋节这件事情上，有更多的选择，过或不过，归家或在外，但月饼依然是我们节日里温暖的慰藉。我只希望，一口宋月，能带给你妥帖和清雅，在中秋微凉的月光中将团圆的甜与时令的鲜一起嚼碎下肚。

文字为 ×× 原创，宋月图片感谢由「××××」拍摄支持，并授权提供，版权归原作者所有。

结尾二：

小贴士：不管树叶还是树干，因为存在一些覆盖的情况，建议按从上到下从中间到两边的顺序绣。如果一根枝条覆盖了另一根枝条，枝上的树叶也请保持队列。

教程来自 ×××【×××】，未经授权禁止转载！

（2）段子植入

在有趣的对话、幽默的故事或漫画中植入广告，既能让读者会心一笑，还不会引起反感，例如以下软文。

故事借鉴

段子植入型一：

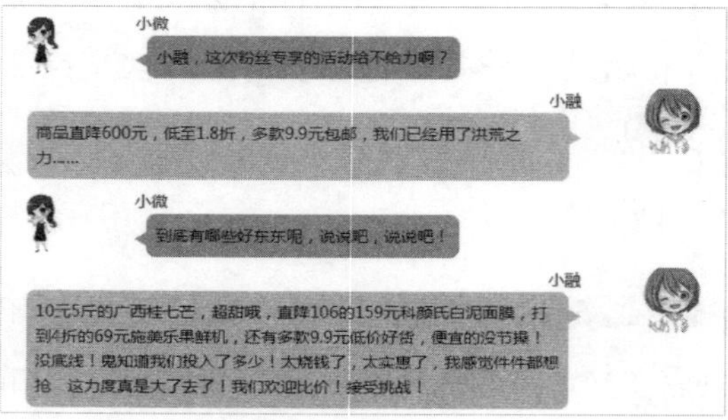

段子植入型二：

这些年你都习惯了什么？

在上图的漫画中，我们还可以看到建设银行的Logo，这种在图片中插入Logo、水印的方法，只要保证图片美观也能产生自然的植入效果。

（3）标题关键词植入

在标题中加入产品或公司名称等相关关键词，便于搜索引擎检索和收录，同时也能传达产品信息、公司名称或商标等，例如以下软文标题。

居家必种的绿植，为你装饰出高逼格的居家环境

电波不逝，收音永存——山进Jazz蓝牙音箱体验

满足所有需求！Nomads模块化家具系统设计

“添油加醋”？试驾：2016款MG锐腾

软文创意“十八般武艺”

一篇有创意的软文总能获得他人格外关注，软文创意实际上就是考虑如何让软文更新颖。那么，如何才能让软文获得创意呢？我们可以从以下几方面来考虑。

（1）借东风

借东风是指利用当下发生的热门事件或者热点话题等来做文章，例如在里约奥运会期间，“洪荒之力”这个词瞬间成为了热门词汇，不少企业也纷纷抓住了这一“东风”创造出不少富有创意的软文标题，如下所示。

【洪荒之“礼”】感恩回馈，福运银镯限时抢

100辆车还抢不到？教你用“葛优躺”的姿势使出“洪荒之力”

又发券啦！快使出“洪荒之力”猛戳抢券

快乐拼豆，拼出来的洪荒之力

这是一只注入了洪荒之力的左手

在“洪荒之力”成为网红名词的同时，借用“洪荒之力”这个词的软文也着实火了一把。根据新榜的数据显示，在2016年8月8日和8月9日两天，在微信平台公众号中，提到“洪荒之力”的微信文章约有1.3万篇，其中上百篇文章阅读量超过101万，有些甚至达到了几百万。可见“借东风”不仅能让文章富有创意还能增强点击量和转载率。

（2）泼冷水

“泼冷水”会让用户感到出其不意，同时也会给软文增加不少创意，要实现“泼冷水”的效果就要故意制造矛盾，例如以下标题。

不懂安慰就闭嘴

对不起，我的朋友都很贵

不，我并不想回家

王之蔑视，对啊，宝宝就是不爽

看着Ta被推倒，就是爽~

（3）用夸张出奇的语言

使用谐音或夸张、奇怪的语言可让软文先声夺人，给人留下深刻的印象，比如以下标题。

超薄的东西，除了脸皮都可以

慎买！据说这是世界上最丑的唇彩

用夸张出奇的语言撰写标题后，在软文的内容中同样要使用夸张、幽默的语言，让标题和内容的“画风”一致。例如以下标题为“慎买！据说这是世界上最丑的唇彩”的软文内容。

口红是一个女人的命啊

什么雾面口红、光面口红、唇彩、唇釉、唇蜜、唇漆

简直眼花缭乱

不管什么款式，我都想来一打

这就是女人哪~

然鹅，据说

某品牌即将发售的圣诞唇彩

是口红界的一股泥石流

这妖艳的画风，简直不敢直视

从上述内容中可以看出，文章内容中的语言也比较幽默，并使用了谐音，使文章看起来诙谐有趣。

（4）使人惊讶的意外

“中秋节要吃月饼”“熬夜对身体有害”及“锻炼能使身体健康”这些都是我们在脑海中形成的常规意识。打破这些常规，制造使人惊讶的意外，能让文章增添不少创意，例如以下标题。

天天熬夜会早死吗？看完这篇文章豁然开朗

不良商家！媒体曝光我们常喝的绿豆沙冰竟然是“泻药”！

大家都在等大学录取通知书，他却写了 1000 封信给没被录取的人

“人不为己，天诛地灭”居然是这个意思！

在标题中营造出意外后，在软文内容中还需要对这个意外进行解密，为读者答疑解惑，例如“天天熬夜会早死吗？看完这篇文章豁然开朗”该文章内容就进行了释疑。

经常熬夜的年轻人易猝死？

答案：只是猝死的诱因，无直接关系

北京 ×××× 医院心血管内科主任医师 ××× 表示，睡眠时间少“只

是猝死的诱因，并不是病因”。

××× 说，呼吸睡眠暂停综合征与心脏病相关，会引起心绞痛、心肌梗死等，但睡眠时间短与猝死没有直接关系。

软文的排版设计

要让软文有看头，精美的排版必不可少，最简单的软文排版就是对字体、字号、颜色和段落的设置。

在软文中，每段的首行要缩进两个字符。如果文字较短，那么可居中显示，段落要合理划分层次，标点符号在使用时不能“一逗到底”；同时注意行距和字距疏密。为了让软文看起来更美观，在进行基本排版设置后还需要对字体、段落等进行装饰，常用的装饰方法如下所述。

（1）小标题装饰

不少软文都有小标题，最简单的小标题装饰方法就是让其加粗显示，另外还可为其设置除黑色以外的字体颜色。除此之外，还可为小标题加上符号或底纹，将其居中或左对齐显示，例如以下小标题。

〖清 晨 山 林 藏 熊 鹿〗

— 秋食历历 新意搭配 —

· 宝岛之鹰 ·

— ◇ 致少女 ◇ —

（2）段落层次要分割

一篇软文如果文字内容较多，那么为体现文章段落层次，又为了让文章看起来不太呆板，可以在其中插入图片，同时也可插入一些符号，以此让文章段落清晰，具有活力，例如以下符号分割方法。

分割方法一：

说着言不由衷的话，更多的是渴望说反话以此来确认你对我的爱。

▼

有人说女人的语言是世界上最复杂的语言心理学。

分割方法二：

如果没有朋友圈的那次互动，小安就不会被同事误会，招来不必要的麻烦。

03

曾经有长达半年的时间，我都扮演着点赞达人的角色，不管是亲朋好友还是圈内大咖，只要他们更新朋友圈，我都会默默点个赞。

（3）关键字突出显示

对于软文中要突出的重点内容，可将其加粗显示，也可使用其他颜色或在字体上加上底纹以实现突出的效果，如图 8-5 所示。

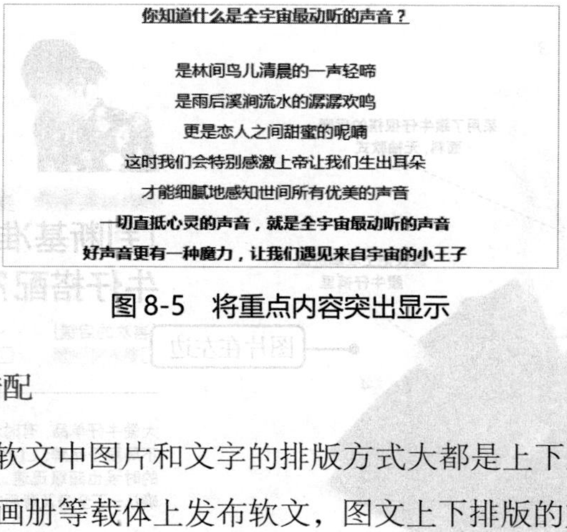

图 8-5　将重点内容突出显示

（4）图文错配

一般来说，软文中图片和文字的排版方式大都是上下对齐的方式，但在报纸、杂志或画册等载体上发布软文，图文上下排版的方式有时不能完全适用，而图文错配的方式看起来常常更美观。

图文错配的常见方式有图片在文字左边、右边和中间，如下所示为常见的图文排版方式。

图文错配方式一：

独家产品+品牌PK

[redacted]818发烧节助推新高

今年继续被冠名“发烧节”的[redacted]818，将与苏宁易购天猫旗舰店的周年庆典同步开展，助推新高。

此次，苏宁易购摒弃了既有的简单粗暴式的降价、打折。便宜多少，消费者说了算。消费者投票的“品牌PK”模式，让消费者充满了参与感，这也最大程度调动了厂商的积极性。为此，苏宁818发烧节推出大牌PK品牌日，各品类每天择出2个品牌商在线PK，血拼价格、服务。

818发烧节期间，重庆苏宁将联合百家知名品牌，共同投入1个亿的让价资源，集中上新超百款的发烧新品。新品主打大数据定制牌，例如海尔的迪士尼定制产品、老板聚焦于舌尖品质的厨源新产品，还有ZUK Z2、OPPO R9诛仙版、魅族 metal2等在内的重量级3C新品。其中，ZUK Z2专为里约奥运会推出，联想搭载了时下最为强劲的2.15GHz骁龙820处理器，性价比极高。

届时，整体活动力度五折起，满1000元立减150元，满额即赠电磁炉、乐扣套装或精美水具等超值好礼。此外，苏宁还将陆续发放100亿任性付额度。顾客在门店可通过任性付进行购物，最高将享受12期分期免息，还有机会获得最高4999元的免单大礼包。

相关》》

[redacted]建设广场店开业巨惠

8月18日当天，苏宁杨家坪建设广场店也将盛大开业。

购物满2999元送风扇；满4999元送榨汁机；满8999元送面包机；满12999元送42英寸彩电。除此之外，购物满2000元就可以砸金蛋，赢iPhone6手机。

在售后服务方面，苏宁推出了全套家电免费清洗的超值服务。开业当天，只要购物满19999元就送空调、洗衣机、烟机三合一免费清洗服务一次。

重庆晚报记者 [redacted]

图文错配方式二：

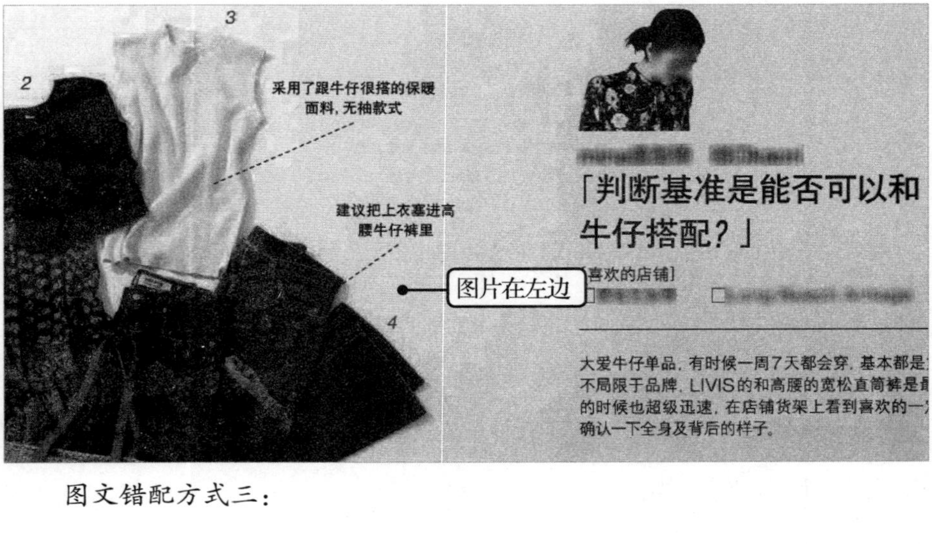

图文错配方式三：

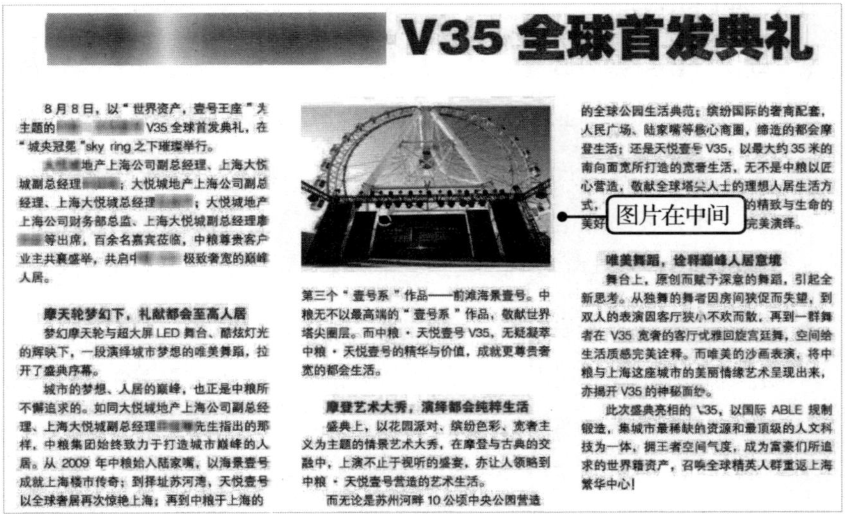

[redacted] V35 全球首发典礼

8月8日，以“世界资产，壹号王座”为主题的[redacted] V35 全球首发典礼，在“城央冠冕”sky ring 之下璀璨举行。

[redacted]地产上海公司副总经理、上海大悦城副总经理[redacted]；大悦城地产上海公司副总经理、上海大悦城总经理[redacted]；大悦城地产上海公司财务部总监、上海大悦城副总经理廖[redacted]等出席，百余名嘉宾莅临，中粮尊贵客户业主共襄盛举，共启中[redacted]极致奢宽的巅峰人居。

摩天轮梦幻下，礼献都会至高人居

梦幻摩天轮与超大屏 LED 舞台、酷炫灯光的辉映下，一段演绎城市梦想的唯美舞蹈，拉开了盛典序幕。

城市的梦想、人居的巅峰，也正是中粮所不懈追求的。如同大悦城地产上海公司副总经理、上海大悦城副总经理[redacted]先生指出的那样，中粮集团始终致力于打造城市巅峰的人居。从 2009 年中粮始入陆家嘴，以海景壹号成就上海楼市传奇；到择址苏河湾，天悦壹号以全球奢居再次惊艳上海；再到中粮于上海的第三个“壹号系”作品——前滩海景壹号。中粮无不以最高端的“壹号系”作品，敬献世界塔尖圈层。而中粮·天悦壹号 V35，无疑凝萃中粮·天悦壹号的精华与价值，成就更尊贵奢宽的都会生活。

摩登艺术大秀，演绎都会纯粹生活

盛典上，以花园派对、缤纷色彩、宽奢主义为主题的情景艺术大秀，在摩登与古典的交融中，上演不止于视听的盛宴，亦让人领略到中粮·天悦壹号营造的艺术生活。

而无论是苏州河畔 10 公顷中央公园营造的全球公园生活典范；缤纷国际的奢商配套，人民广场、陆家嘴等核心商圈，缔造的都会摩登生活；还是天悦壹号 V35，以最大约 35 米的南向面宽所打造的宽奢生活，无不是中粮以匠心营造，敬献全球塔尖人士的理想人居生活方式，……的精致与生命的美好……完美演绎。

唯美舞蹈，诠释巅峰人居意境

舞台上，原创而赋予深意的舞蹈，引起全新思考。从独舞的舞者因房间狭促而失望，到双人的表演因客厅狭小不欢而散，再到一群舞者在 V35 宽奢的客厅优雅回旋宫廷舞，空间给生活质感完美诠释。而唯美的沙画表演，将中粮与上海这座城市的美丽情缘艺术呈现出来，亦揭开 V35 的神秘面纱。

此次盛典亮相的 V35，以国际 ABLE 规制锻造，集城市最稀缺的资源和最顶级的人文科技为一体，拥王者空间气度，成为富豪们所追求的世界籍资产，召唤全球精英人群重返上海繁华中心！

软文的排版并没有固定的格式，最重要的是保证版面简单、整洁、干净和协调。在排版时学会做到内容对齐，相关内容聚拢，留有一定空白，颜色、数字不可过多，图形简单，页面风格统一这几点基本要求，就能保证排版的简洁大方。

避免软文与营销结合的误区

对软文营销这一概念的理解，可能不少人还停留在表面，认为软文营销就是不断地发软文。且不说这样进行软文营销的效果如何，没有经过仔细思考而创作的软文，质量是否能够过关也值得深思，对软文营销的认识不够彻底常常会使我们陷入一些误区之中。

避免软文营销的错误

每一个软文撰写者对软文营销都有自己的理解，而常见的软文营销误区不外乎有以下几种。

- **软文营销就是发软文**：说起软文营销，很多人总认为软文营销就是发布软文这么简单。发布软文是进行软文营销的重要一步，但软文营销却不仅仅是发软文这么简单，成功的软文营销往往要经历策划、撰稿和选发布平台这些步骤，每一步都是经过深思熟虑后做出的结果，并不是简单地撰写出一篇软文将其随便发布在某一平台即可。
- **营销效果好不好就看量多不多**：用数量进行“狂轰滥炸”的软文营销方式是比较常见的，不少软文营销专员认为只要发的软文多，那么营销效果就会好。实际上，有量无质的软文发布并不能很好地发挥软文的作用，软文营销的关键在于“内容为王”。
- **短期未见效便放弃**：进行软文营销不要想着“一文成名”或者“一次见效”，软文营销并不是“特效药”，它的效果需要长期不懈的努力才能体现出来，不能因为短期进行软文营销没有获得良好的效果就放弃软文这一工具。
- **大门户就能带来大流量**：不少营销推广专员认为将软文发布在大型的门户网站或知名媒体平台上就更容易获得流量，因此就选择花大钱进行软文推广，这种做法实际上并不完全正确。在投放软文广告时，需要从目标客户所处的地域和日常行为习惯等来选择平台，并不是盲目选择大平台。
- **只做软文营销**：软文营销既不是“特效药”，也不是“万能药”，在进行软文营销的同时仍需要开展其他营销方式，将软文营销与其他营销方式相结合，实现整合营销。
- **三天打鱼两天晒网**：发软文并不是越多越好，但“三天打鱼，两天晒网”式地发布软文其效果也会微乎其微，软文的发布最好形成一定的规律，例如在微信中发布微信软文，那么可固定在每天的

21:00 发布，这样可以培养与读者之间的默契；同时，也让公司或产品得到持续的关注，不至于被遗忘。

防范软文营销风险

不少软文撰写者可能会奇怪，软文营销怎么会有风险呢？大不了就是没效果而已。实际上，软文营销如果操作不当还确实存在风险。

首先，软文营销需要防范法律风险。根据 2016 年最新《广告法》中的广告内容准则要求，广告不得有下列情形。

- 使用或者变相使用中华人民共和国的国旗、国歌、国徽，军旗、军歌和军徽。
- 使用或者变相使用国家机关、国家机关工作人员的名义或者形象；
- 使用“国家级”、“最高级”和“最佳”等用语。
- 损害国家的尊严或者利益，泄露国家秘密。
- 妨碍社会安定，损害社会公共利益。
- 危害人身、财产安全，泄露个人隐私。
- 妨碍社会公共秩序或者违背社会良好风尚。
- 含有淫秽、色情、赌博、迷信、恐怖和暴力的内容。
- 含有民族、种族、宗教和性别歧视的内容。
- 妨碍环境、自然资源或者文化遗产保护。
- 法律、行政法规规定禁止的其他情形。

除此之外，针对医疗、药品、医疗器械、保健食品、农药、兽药、饲料和饲料添加剂等广告，《广告法》还有特殊规定，具体内容可查看《广告法》详细条例内容。

软文营销在遵守《广告法》的同时，还要注意防范投入风险。软文营销虽说是低成本的营销方式，但也会投入费用。投入了费用但没有收获理想的效果，这是不可避免的风险，在开展软文营销前我们并不清楚营销的结果会怎样，最终效果有可能超出预期，也有可能低于预期。

为了防范投入风险，在开展软文营销前就需要进行周密策划，尽可能做到选对人、做对事，将投入风险降到最低。

爆料与炒作是软文博人眼球的一种手段，但行业内幕爆料或炒作都要适度，注意遵守以下原则。

- 爆料不能点明相关公司或企业的名称，以避免引起公关之战。
- 爆料要适度，不能引起同行的反感和不满。
- 不能恶意炒作，去挑衅公众的道德和价值观，炒作最好是正面的。

做最后的检查工作

一篇软文完稿后并不能马上发布出去，还需要做最后的检查工作。软文的检查可以按照以下几方面来进行。

（1）文字检查

检查软文中使用的产品名称、人名及公司名称等，对软文中涉及的产品的性能、功能、产地、用途、质量、成分、价格、生产者、有效期限和允诺等或者对服务的内容、提供者、形式、质量、价格和允诺等的描述进行检查，以确保内容准确、清楚、明白。

检查内容中是否有出现《广告法》规定的不能出现的内容，例如是否包含“国家级”、“最高级”及“最佳”等用语。

检查是否存在错别字，以及文中出现的专有名词、专业术语等是否使用正确。

（2）数据检查

软文中如果包含了数据、图表等包含数字的其他内容，一定要仔细检查数据以及数字的使用是否正确。另外，在撰写经验型软文时标题中常常会包含数字，例如以下标题。

24 种超实用的发型

10 种信用卡省钱方法

面对上述涉及数字的标题，要检查标题中提到的数字是否和文中提到的要点数量相符，例如“24 种超实用的发型”，就要检查文中是否介绍了 24 种发型，若文中没有 24 种只有 18 种，那么就要考虑添加内容或者更改标题数字。

（3）文章相似度检查

对于伪原创的文章来说，如果更改力度不够大，那么可能被判定为抄袭。因此，针对伪原创的文章最好进行文章相似度的检查，文章相似度检查比较简单，使用在线检查工具即可。例如使用 V5 工具箱提供的文章原创度检测工具，只需进入 V5 工具箱首页（http://www.toolv5.com/），单击“文章原创度检测”按钮，如图 8-6 所示。

图 8-6　进入 V5 工具箱首页

在打开的页面中，输入需要检测相似度或原创度的文章，单击“检测

相似度 / 原创度”按钮，如图 8-7 所示。

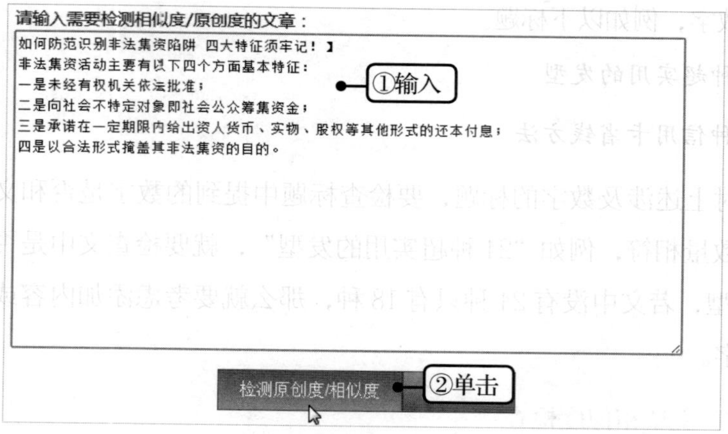

图 8-7　输入内容

在页面下方即可查看到检测结果，如图 8-8 所示。

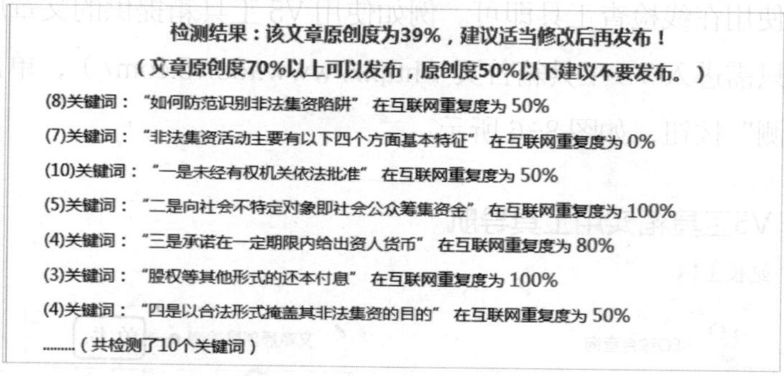

图 8-8　查看检测结果

从上图中可以看出，此次检测原创度为 39%，因此我们还需要将该内容进行再次修改后才能发布。

第9章 软文写作的“利器”

成功创作出一篇软文离不开软文撰写者的劳动付出，但帮助软文撰写者完成这一工作的还有软文写作工具。这些软文写作的“利器”对软文撰写者提高写作效率和水平起着非常重要的作用，下面就来看看如何利用这些写作工具为我们打造优秀的软文。

常用的文字处理工具

如今，我们进行写作已经不常使用纸和笔了，特别是对文字工作者来说，用手写的方式进行创作会花费更多的时间。现在，键盘成为了文字工作者的“笔”，显示器成为了“纸”，而各种文字处理软件则成为了连接两者的载体，软文撰写者进行软文写作都要在文字处理软件上进行。

为什么要使用写字板

写字板是写作时常用的工具之一，写字板可以说是简化版的 Word，它位于系统自带的“附件”文件夹中，如图 9-1 所示。

图 9-1　附件中的写字板

Office 写字板的操作比较简单，它的优势在于将网页上复制下来的内容直接粘贴在写字板中，其格式为纯文本，网页内容中的框线、格式等不会被粘贴下来，这样就避免了再次进行格式调整。

在写字板中创建的文档既可以使用写字板打开，又可以使用 Word 打开，它的容量较大，对于文件较大且后缀名为“rtf”“docx”“doc”“odt”和“txt”

的文档来说，如果打开速度较慢，那么可以使用写字板打开。

写字板主界面看起来简单整洁，支持多种字体；同时，也支持图片插入和绘图，有时进行软文写作并不需要复杂的排版，因此使用写字板也可以完成软文写作。如图 9-2 所示为写字板软件界面。

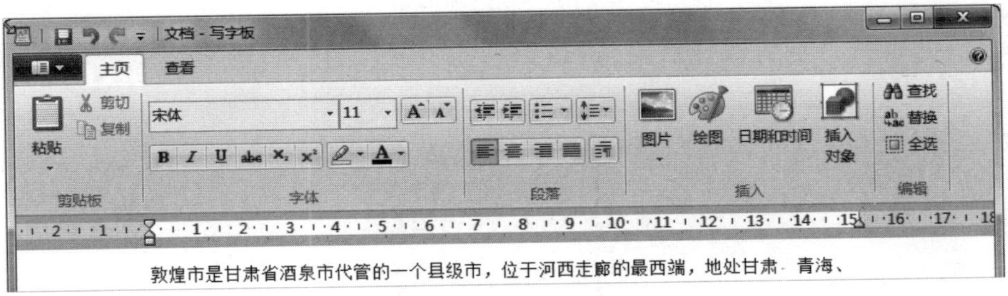

图 9-2　写字板软件界面

使用 Word 的好处

Word 是 Microsoft Office Word 的简称，是目前最流行的文字处理程序。不同的 Word 版本具有不同的优势，软文撰写者可以自由选择自己喜欢的版本。

Word 软件界面友好，它支持文字、图像、声音和动画等插入，利用 Word 提供的表格和绘图工具可以绘制表格和图形。如果软文的排版比较复杂，那么使用 Word 就非常方便，在 Word 中我们可以快速编辑出排版精美的文档。

另外，Word 提供的拼写和语法检查功能对软文撰写者来说很有用，当 Word 发现文章中存在拼写和语法错误时就会用波浪线标出，如图 9-3 所示。这样就可以帮助软文撰写者及时发现文章内容上的问题，以便进行更改。

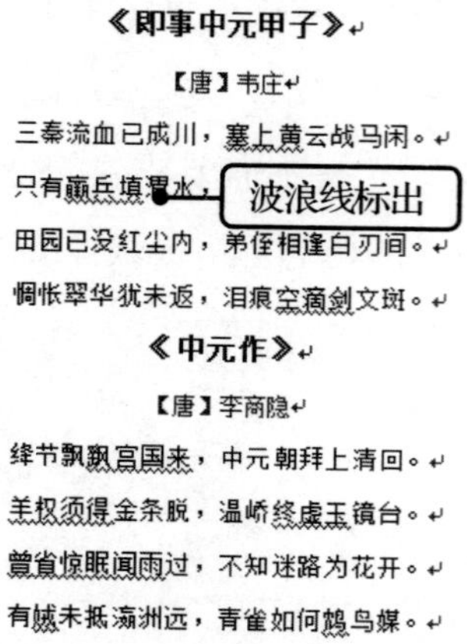

图 9-3　拼写和语法错误

软文撰写者在检查波浪线标出的地方时，如果发现文中的拼写和语法是正确的，那么可在波浪线标出的内容上单击鼠标右键，在弹出的快捷菜单中选择“语法”命令，在打开的“语法”对话框中单击“全部忽略”按钮即可，如图 9-4 所示。

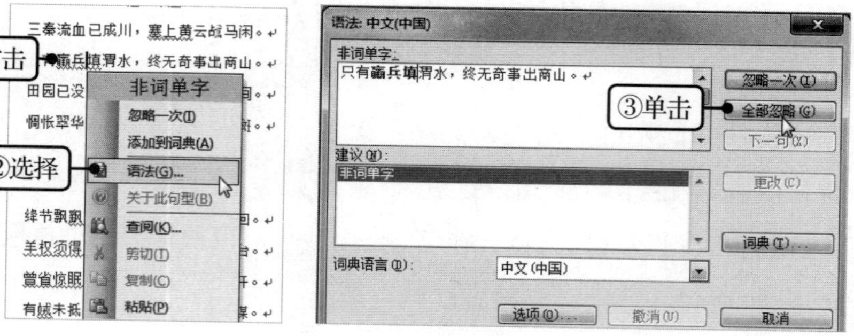

图 9-4　忽略语法错误

要点提示

在 Office 中，高版本可以打开低版本的文档，但是低版本无法打开高版本的文档。因此，将 Word 文档发送给他人时要考虑对方是否能够打开，如果是用 Word 2007 创作的文档，那么最好保存为兼容格式。

网络编辑工具箱

网络编辑工具箱是一款一键排版格式化的网编工具，它提供了文章快速格式化一键排版功能，可帮助我们快速格式化文章，使文章成为合乎规范和标准的文章格式，能够有效提高编辑效率。除了一键格式化功能外，网络编辑工具箱还具有以下功能。

- 简繁体相互转换。
- 可定制段前是否空格。
- 可定制图片是否添加像素边框。
- 可定制是否保留文章内容中的表格。
- 文字纠错功能（上千个错别字词库）。
- 一键排版格式化文章，一键复制出去。

软文撰写者可以在各大软件的下载中心下载该软件，该软件的操作非常简单，可谓是全傻瓜式操作。目前，网络编辑工具箱加强版在原网络编辑工具箱的基础上进行了修改和升级，如图 9-5 所示为加强版界面。

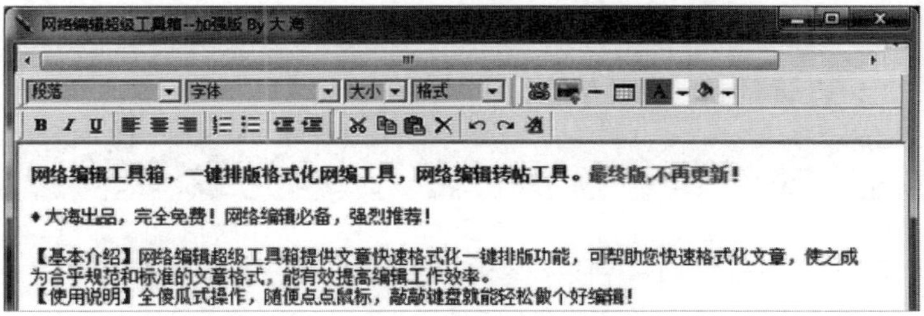

图 9-5　加强版界面

加强版的特色功能有删除多余样式、删除脚本代码、再次编辑功能、编辑模式切换、图片之间插入空行、可选保留表格、可选保留链接和可选保留粗体等。

使用 WPS 进行软文编辑

WPS 全称为 WPS Office，它是金山软件股份有限公司自主研发的一款办公软件套装，可以实现办公软件最常用的文字、表格和演示等多种功能。

该软件具有内存占用低、运行速度快、体积小巧、强大插件平台支持、免费提供海量在线存储空间及文档模板、支持阅读和输出 PDF 文件、全面兼容微软 Office 97 ~ Office 2010 格式（doc/docx/xls/xlsx/ppt/pptx 等）等独特优势，覆盖 Windows、Linux、Android 和 iOS 等多个平台。

下面来看看 WPS Office 文字具有的部分特色功能。

- **文字八爪鱼**：优化段落布局编辑框，新增关闭按钮，鼠标操作更直接。
- **回到上一次编辑位置**：新增回到上一次编辑位置功能，智能记忆上一次编辑位置，继续编辑更方便。
- **脚注尾注增加 [1] 格式**：新增脚注尾注 [1] 格式，可以直接使用 [1] 格式的脚注尾注。

如果要制作精美的图表，那么使用 WPS Office 表格便可以完成制作，WPS Office 表格具有以下特色功能，如表 9-1 所列。

表 9-1 WPS Office 表格特色功能

特色功能	简介
突出显示	用 [突出显示]，三两下鼠标单击，这些信息立即醒目地呈现在面前、无所遁形
支持多行多列重复项设置	WPS 表格支持多行多列重复项设置，在多行多列区域中设置高亮显示重复值，拒绝录入重复值，可快速查找重复数据，有效防止数据重复录入
阅读模式	方便查看与当前单元格处于同一行和列的相关数据
在线模板	海量精美模板，专业、营养和贴心

电子书制作软件

在百度文库、论坛以及其他资源共享平台上，都可以利用电子书进行软文推广，例如某共享资料中就包含了 txt 格式的记事本文档。在该记事本文档内容中就有广告植入的内容，如图 9-6 所示。

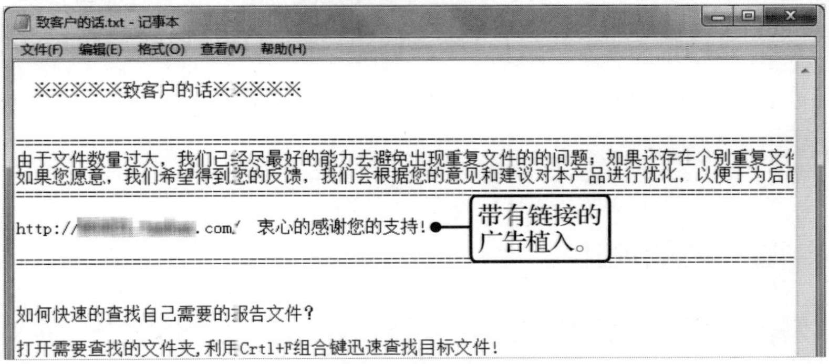

图 9-6　在记事本中植入软文广告

电子书的格式有多种，PC 端包括 exe、txt、html 和 hlp，手机端包括 umd、jar 和 txt 等。市场上的电子书制作软件有很多，包括电子书速成（eBook Dream）、edd 电子书编辑器、iAuthor、iebook 超级精灵、CHM 电子书制作器和 CHM 电子书制作助手、JBOOK 电子书制作系统等。

不同的电子书制作软件都有其各自的优势，在下载电子书制作软件时可以了解其软件功能后再进行下载，在电子书制作软件的下载页面都会有软件详情的相关介绍，如图 9-7 所示为 iebook 超级精灵功能介绍。

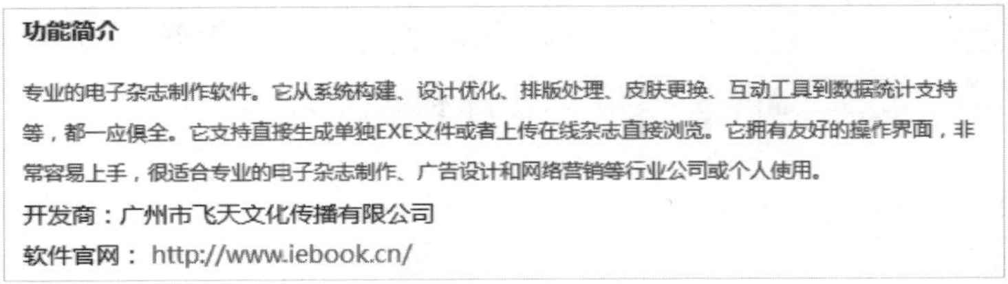

图 9-7　iebook 超级精灵功能介绍

方便实用的制图工具

在软文撰写过程中，为展示产品信息或让文章阅读更轻松都会在文中插入图片。对于拍摄的照片或者从网上下载的图片，通常需要处理以后才能直接使用，有时我们还需要通过截图的方式将一些内容截取下来使用。因此，制图工具是软文撰写中不可缺少的工具。

网页截图工具的使用

我们要将网页上的内容截取下来制作成图像，最简单的方法就是使用浏览器自带的截图工具，以 360 浏览器为例，它提供了截图的功能菜单，只需在目标网页中单击“ ”按钮，选择要截取的区域，最后单击“完成”按钮即可，如图 9-8 所示。

图 9-8　使用 360 浏览器截图功能截图

使用 360 浏览器还可以保存整个网页为图片，只需单击“ ”按钮右侧的下拉按钮，在弹出的快捷菜单中选择“保存完整网页为图片”命令即可，如图 9-9 所示。

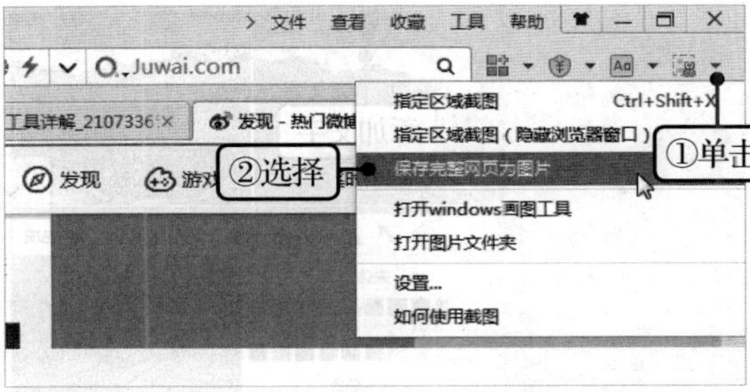

图 9-9　保存完整网页为图片

除了可以使用浏览器提供的截图功能外，我们还可以使用输入法提供的截图应用功能。以搜狗输入法为例，单击输入法中的“设置”按钮，在打开的“搜狗工具箱”页面中单击“截屏”按钮即添加该应用，如图 9-10 所示。

图 9-10　添加截屏应用

添加成功后，按【Ctrl+Alt+W】组合键即可截图，在截取的图片中可以根据需要添加矩形、圆圈、箭头和文字，在添加文字时可以自由设置文字大小以及颜色，如图 9-11 所示为在截取的图片中添加文字。

图 9-11　在截取的图片中添加文字

简单的专业截图软件

使用专业的截图软件可以更加方便快捷地捕捉屏幕，同时还可以实现图片的编辑。Snagit 是一款功能强大的屏幕截图工具，它支持各种形式的图像捕捉，包括常见窗口、DirectX 表面捕捉（游戏）和视频捕捉，Web 捕捉，支持几乎所有常见的图片格式，并具有后期图片编辑和管理功能。其软件主界面如图 9-12 所示。

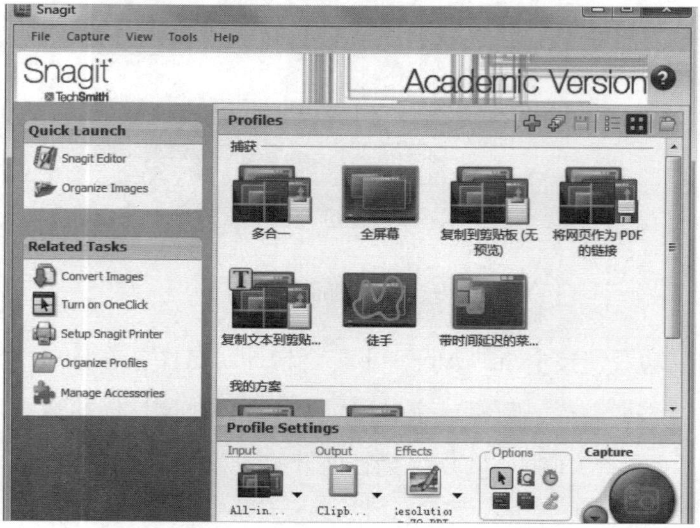

图 9-12　Snagit 软件主界面

Snagit 提供了丰富的捕获功能，包括多合一、全屏幕、复制到剪贴板和将网页作为 PDF 链接等。丰富的图像和绘制功能可以实现对图像的各种简单处理，包括裁切、旋转、灰度、水印、滤镜、文字、箭头和模糊等。当我们需要为图像添加水印时就可以用水印功能，而需要将手机号码、姓名等信息掩盖时我们就可以使用模糊功能对其进行模糊处理。

对于截取的图像，Snagit 都将其保存在了特定的位置，通过 Snagit 强大的可视化搜索工具可以在任何时候把它们找回来。

同时，在 Snagit 中可以自行添加不同的截图方案并为其设置快捷键。设置快捷键后，在截图时只需在键盘上按相应的快捷键即可，进而使截图更加快速。此时，只需在主界面中单击“”按钮，即可添加方案并为其设置快捷键，如图 9-13 所示。

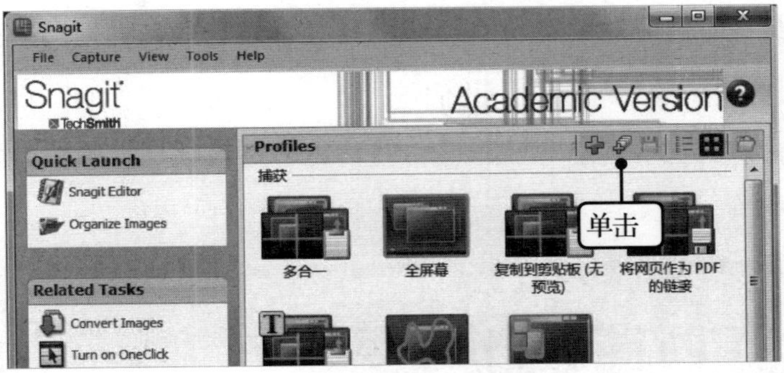

图 9-13 添加方案

除 Snagit 外，PicPick、红蜻蜓抓图精灵、HyperSnap-DX、FastStone Capture 及 QR 易用截图也是方便好用的截图软件。

要点提示

使用 Snagit 要注意分辨率的设置，软件默认的分辨率为 96，如果要使用其他分辨率进行截图需要手动进行设置。

制图工具的利用

要对图片进行美化、拼接和修正操作最常用的软件是Adobe Photoshop，其简称为PS，它是集图像扫描、编辑修改、图像制作、广告创意及图像输入与输出于一体的图形图像处理软件。其中，Adobe Photoshop CS6 目前比较常用，它具有以下特征。

- 内容识别修补。
- Mercury 图形引擎。
- 3D 性能提升。
- 3D 控制功能自由使用。
- 全新和改良的设计工具。
- 全新的 Blur Gallery。
- 全新的裁剪工具。

PS 强大的图像处理功能为我们进行图片制作提供了便利，我们可以利用它绘制水墨字效果、让模糊的图片变清晰、进行图片氛围渲染以及制作简单的海报等。如图 9-14 所示为 Photoshop CS6 的主界面。

图 9-14　Photoshop CS6 的主界面

统计图表制作工具

在软文中，我们常常也可以看到各种图表的身影，当我们要将数据制作成图表并以图片的形式在软文中进行展示时，就需要利用统计图表制作工具。虽然在 Word 中也可以制作图表，但大多数人更习惯在 Excel 中制作，因为 Excel 的图表制作功能更强大，制作出来的图表也更精美。

Excel 是 Microsoft Office Excel 的简称，它与 Word 一样，是 Office 组件之一，在 Excel 中制作图表很简单，以 Excel 2013 为例。将数据输入到单元格中，选择有数据的单元格区域，单击“插入”选项卡，在“图表”组中就可找到不同的图表样式。

Excel 提供的图表类型丰富，在制作图表时可根据需要自由选择图表类型，如图 9-15 所示为 Excel 2013 提供的图表类型。

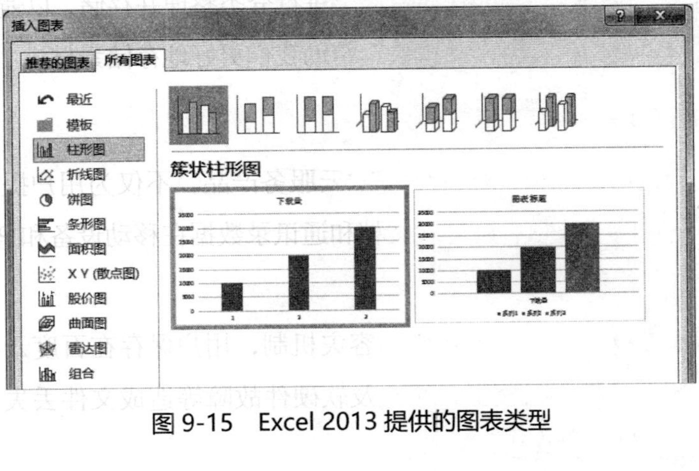

图 9-15　Excel 2013 提供的图表类型

从上图可以看出 Excel 2013 提供的图表类型有柱形图、折线图、饼图、条形图、面积图、xy（散点图）、股价图、曲面图、雷达图和组合等，选中单元格数据区域后，在插入图表时还可以进行不同图表的预览，这样就可以很方便地选择出最适合的图表类型。

资料管理和文献阅读

在软文创作前，软文撰写者通常都会收集大量资料，包括图片、同行软文与文献资料等。部分收集的资料需要特定的阅读器才能打开，这时就需要安装对应的阅读工具，对于收集好的资料还需要进行分类整理，方便在撰写软文时进行查阅和使用。

素材管理的有利工具

搜集优秀的文章、句子和素材，建立属于自己的素材库对软文写作是很有帮助的。我们收集到的优质资源需进行分类整理并存储，以避免丢失，下面就来看看常用的素材存储工具，帮助我们更好地存储素材。

（1）百度云

百度云是由百度公司出品的一款云服务产品，不仅为用户提供免费存储空间，还可以将视频、照片、文档和通讯录数据在移动设备和PC端之间跨平台同步、备份等。

百度云具有完善的数据备份和容灾机制，用户保存在百度云中的数据都有多重备份，不会因攻击、断电及软硬件故障等造成文件丢失，这样就能有效保证资料的安全性。

使用百度云可以将素材分门别类地存储在不同的文件夹中，登录百度云后即可上传或下载文件，通过搜索关键词的方式可以快速找到存储的文件，如图9-16所示。

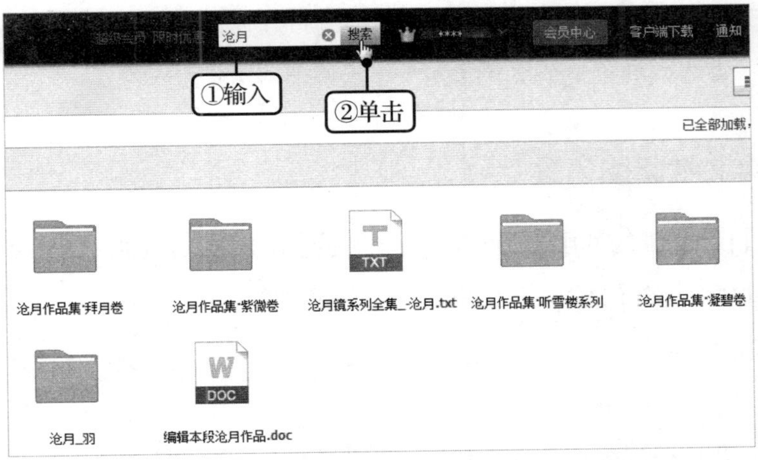

图 9-16　通过关键词搜索文件

（2）U 盘

U 盘全称是 USB 闪存盘，它小巧便于携带，容量有 16G、32G、128G 不等。将一些常用的素材资料存储在 U 盘中，当需要使用时，只需通过 USB 接口与电脑连接即可实现即插即用，对软文撰写者来说是很实用的工具。

（3）腾讯微云

微云是腾讯公司为用户精心打造的一项智能云服务，通过微云可以方便地在手机和电脑之间同步文件、推送照片和传输数据。使用微信账号或者 QQ 账号即可登录微云，使用微云可以享受以下功能。

- **相册备份：**在 WiFi 环境下自动备份手机中的照片，备份后可在其他终端管理账户中的照片。
- **文件管理：**文件分门别类，支持全局搜索和批量操作，独有的缩略图展示模式，可随心所欲地掌控自己的文件。
- **云笔记：**收集和整理各种会议记录、日常安排和生活备忘，保存的笔记可以多种设备跨平台阅读分享。

- **回收与收藏**：在回收站中可以找回30天内删除的文件，还可以收藏喜欢和重要的文件。

常用的文献阅读工具

在日常文献阅读中，最常使用的文献格式是pdf和caj，为了保证能正常阅读这两种格式的资料我们需要安装对应的阅读器。

福昕PDF阅读器可用于阅读和打印PDF文档，它提供了3种方式阅读PDF文件，如下所述。

- **多标签浏览**：多标签浏览允许用户在同一个PDF阅读器中打开多个文件。在已打开一个PDF文档的情况下，双击另一个文档，两个文档将出现在同一个窗口中。
- **单文档界面模式**：将再次打开福昕PDF阅读器，当用户双击打开一个新的文档时，阅读器打开并创建一个新的独立窗口，方便逐个阅读PDF文档。
- **多文档界面模式**：在一个母窗口下打开多个文档，所有的文档子窗口被独立隔开。

除福昕阅读器外，使用Adobe Reader也能查看、打印和批注PDF文档，它是唯一一款可以打开各种PDF内容（包括表单和多媒体）并与之交互的PDF文件查看程序。

阅读学术文献、外文文献、学位论文、报纸、会议、年鉴或工具书等资源最好的去处就是“中国知网”，在中国知网中阅读相关资料需要安装CAJViewer（CAJ全文浏览器），它是中国期刊网的专用全文格式浏览器，支持中国期刊网的teb、caj、nh、kdh和pdf格式文件。可配合网上原文的阅读，也可以阅读下载后的中国期刊网全文，并且打印效果与原版的效果一致。

pdf和caj格式的文档内容不能直接复制，如果我们需要使用其中的内容可将其转换为 Word 文档后再使用。使用在线 PDF 转 Word 工具便可快速地将 PDF 文档转换为 Word 文档，例如我拉网（http://pdftoword.55.la/）提供的在线 PDF 转 Word 工具就可实现在线转换，其转换界面如图 9-17 所示。

图 9-17　使用在线转换工具

将 caj 格式的文档转换为 Word 文档可以通过专门的转换工具来实现转码。

要点提示

在线转换工具一般都对所转换文件的大小有限制，例如我拉网提供的 PDF 转 Word 工具，就要求所转换的 PDF 文档大小不得超过 1M。